投资要向农民学习

大趋势赚大钱，小趋势赚小钱，没有趋势不冒险

股市拐点会说话
——民间股神高竹楼的稳赢秘笈

高竹楼　高海宁◎著

经济日报出版社

前言 炒股就是炒趋势

看对大势操对盘，说明你能把钱赚，
如还不能把钱赚，买股卖股要盘算。
看准大势赚大钱，没有趋势不冒险，
你如不信试一试，无数事实摆眼前！

凡投资者，都想在股市中赚钱，可为什么不管是牛市还是熊市，总是少数人赚钱。百姓投资难道真的那么难？根据笔者的经历，我想告诉大家，虽然中小散户不能与机构大户比，但只要用心、动脑，也完全可以做到稳赢。

大多数投资者，每天都在电脑前研究日线、分时线，看MACD、KDJ、RSI，什么M顶、W底、三浪四浪、资金流向，1000多只股票，常常用各种方法筛一遍又滤一遍，从早忙到晚，听广播、看报纸、上网查、看电视，其精神可嘉，却很少有人真正耐心去分析大盘。散户朋友总是等买了股票被套后，才临时抱佛脚加一厢情愿地盼望大盘上涨，好把自己解套出来。

老话说"皮之不存，毛将焉附"，"覆巢之下，焉得完卵"，你想，大盘都趋势向下了，（如2010年4月16日开始，股指期货推出后到年中）个股能有多少侥幸的希望呢？我做过一些统计，大盘上涨时，十之八九的股票上涨或横盘，反正不会让你吃亏；同样，大盘下跌时，能逆势上扬的股票不会超过20%。以笔者的经验，蛰伏在股票里的主力，一般很少逆势拉升，以免遭遇顽强抛压，成本很高不说，还树大招风；而等到大盘上涨时借势使力，就省事多了，抬轿的人多，坐轿的人少，既容易拉到高位，又容易高位出货，就能事半功倍。我奉劝绝大部分散户朋友，要承认你不是高手，更不是超人，你不太可能每一次都买到那20%涨的股票，所以大盘趋势下跌时尽量不要冲进去，不去冒刀口舔血的风险。

上面已经谈到，大盘的上升趋势形成了，十之八九的股票上升趋势也就形成了，也会跟着涨，区别只在涨幅大小而已。我们既然看准了大盘上涨，选一只与大盘同步上涨的股票就太容易了，具体地说，只要买到近期比较活跃的股票，一轮行情下来，它的涨幅往往大于大盘，故我的赚钱经验是看准趋势操对盘，才能赚大钱。

只要大盘没有出现见顶信号，与大盘趋势一致的个股在上涨过程中即使上蹿下跳，你都可冷眼旁观；等大盘出现见顶迹象时，再毫不犹豫地卖出。你可能早卖一天，也可能晚卖一天，但中途不会心惊肉跳，不会被摔下马，也不会被温水煮蛙，死到临头还做美梦。

股市里，真正的炒家从不追涨杀跌，他们总是在大盘的"相对低位"时，进行建仓。与此相反，大多数散户朋友却往往很勇敢地在"相对高位"买进，输赢的几率各50%，一买进去就靠"猜猜猜"过日子，结果是糊涂买进、糊涂卖出，积小亏成大亏，十次买，二次赚八次赔。

真正炒家在行情不好时，宁愿休息几周或几月，不少散户朋友却休息几天都不舍得，争分夺秒的，一天不下单就手痒。事实证明，绝大部分股民在行情好时能赚一点小钱，行情变坏就赔大钱，还得搭上老本。

我经常与来自全国各地的读者进行交流，他们问怎么判断行情好坏？

如何能预测行情走势？明明看着像底，买进，那股票却如飞流直下，害得被深度套牢；或者好不容易买对一次，明明看着像到顶了，赶紧获利出局，谁知它快马加鞭势如破竹，眼看着黑马奔腾却只闻到马腥味。大家都知道，股市的昨天、股市的今天（收盘后涨跌已定，市场已给出定论）并不重要，已成为历史，而股市的明天（下周、下月）大盘会涨会跌、手中个股会涨会跌，是炒股者追求和研究探讨的关键，谁也不可能未卜先知。只有研究它的运行规律，顺势而动，知道大盘个股的"趋势向上还是向下"才能稳操胜券。

在股市中，成功者不是看最近赚了多少钱，而是看谁能活多久。股市人员流动频率是很高的，一茬一茬，你现在认一认大户室里的面孔，隔一段时间再看，很多人就不见了。14年间，我见过太多大户变中户、中户变散户、散户变销户的悲剧。我希望追求稳健和长久的投资，经日积月累，账上资金由小变大。如果天天忙进忙出过手瘾，弄得人憔悴，甚至因炒股而患上高血压、心脏病或神经衰弱等慢性病，即使你赚了点小钱又有什么意思呢？我劝大家：识大趋势赚大钱、识小趋势赚小钱、不识趋势不冒险，想在股市里长久地活下去就必须学会判断趋势，我在这里把我和儿子高海宁的研发经验总结出来，和有缘的读者进行交流，一起分享，希望尽可能多的读者学会，找到自己投资的乐趣。

高竹楼　高海宁
2010年6月20日于南京

CONTENTS

| 前　言 | 炒股就是炒趋势 / 1 |
| 引　子 | 股市拐点"会说话" / 1 |

第一章　炒股不能猜猜猜 / 1

　　第一节　股海无边，捞到真金才是岸 / 3

　　第二节　股海风大浪又险，无知盲目悔无边 / 13

第二章　历史是会重演的 / 15

　　第一节　历史定会重演　学费不会白交 / 17

　　第二节　股市的昨天、今天与明天 / 20

第三章　看懂大趋势，才能稳赚钱 / 23

　　第一节　趋势为王 / 25

　　第二节　我的趋势探索之路 / 30

　　第三节　能帮您赚钱的"趋势理论" / 41

　　第四节　趋势与趋势线的技术形态 / 43

第四章　分清四季——投资要向农民学习 / 47

　　第一节　股市的春、夏、秋、冬 / 50

　　第二节　股市的白天和夜晚 / 52

第五章　我的"市场理论与太阳理论" / 55

　　第一节　市场永远是正确的 / 57

　　第二节　"太阳理论"——散户操作的定盘星 / 62

第六章　新股民必须掌握的投资知识 / 65

　　第一节　新股民要念"真经" / 67

　　第二节　我常用的技术指标和操作技法 / 68

第七章　别当主力接盘手 / 99

　　第一节　同样的错误不该再犯 / 101

　　第二节　炒股不能单相思 / 102

　　第三节　小散们，为什么经常屡战屡败？/ 104

　　第四节　股市青睐成功者，不同情失败者 / 105

　　第五节　看不清形势要等待，别当主力接盘手 / 106

　　第六节　股指期货和融资融券对市场趋势的影响 / 109

第八章　一秒判势稳赢点：买卖一招定乾坤 / 115

　　第一节　K线：买卖"一招定乾坤" / 117

　　第二节　均线：买卖"一招定乾坤" / 119

　　第三节　趋势线：买卖"一招定乾坤" / 123

　　第四节　MACD：买卖"一招定乾坤" / 125

　　第五节　KDJ：买卖"一招定乾坤" / 126

　　第六节　共震现象：买卖"一招定乾坤" / 128

第九章　走在趋势后，才是稳赢家 / 139

第一节 为什么要走在趋势后 / 141

第二节 顺势者赢 逆势者亏 / 142

第三节 股市趋势拐点"会说话" / 145

第四节 我的 23 个盘口绝技 / 148

后记 / 189

股市拐点会说话
——民间股神高竹楼的稳赢秘笈

高竹楼在南京电视台做现场直播

高竹楼参加理财论坛

股市拐点会说话
——民间股神高竹楼的 稳赢秘笈

投资要向农民学习
大趋势赚大钱，小趋势赚小钱，
没有趋势不冒险

一月股市逢低买，二月三月分批买；
四五六月如金秋，收获时节喜采摘。
七月八月阳似火，股市寒风走下坡，
九月十月难赚钱，金秋股市八成跌；
十一十二进寒冬，要想赚钱等来年。

引 子

股市拐点"会说话"

多数人都清楚，炒股就是炒趋势，但都认为判断趋势是高手才能做到的，一般中小投资者只能跟风、喝汤。这里，我以自己摸索多年投入的心血和财富探究之路告诉大家，要想在投资市场赚钱，必须下工夫学会判断趋势，这是最最要紧的基本功，而只要有决心，判断趋势并不难。

我想告诉大家股市中"大趋势"赚大钱，"小趋势"赚小钱，"没有趋势"不赚钱，这是被20年历史证明的硬道理，那么我们中小投资者更不要抱什么幻想，用自己的血汗钱去做实验。

本书中，我用最简单的方法教大家怎样识别趋势，劝大家"走在趋势之后"，学做大赢家。

为了广大读者一看就懂，一学就会，我先用最普通、最原始、人人都知的K线、均线系统、均量线系统、趋势（MACD）系统，找出趋势发生变化的规律性、适用性和可靠性的状态，我总结后称之为"共震理论"（注：本书中所说的"理论"均为作者在研究投资图形过程中指出的带有规律性的"现象"，为了突出强调它的作用，作者均称为"理论"——编者）的形态，并把沪市、深市大盘、小盘股、大盘股、创业板及亏损股、期货、黄金各举一例来说明"共震理论"在实战中的重要性、准确性和适用性。然后再用通过我与高海宁用高科技手段和14年实战加理论研究得出的"趋势理论"和"太阳理论"各举一例，给大家对比一下，让大家看懂趋势拐点的语言，帮助更多初级阶段的中小股民赚更多的钱。

四点一线稳赢点——"共震理论"

图1说明:2010年7月9日,深市大盘的均线系统,"5日均线上穿10日均线"发生金叉,同时,均量线的"5日均量上穿10日均量线"发生金叉,同日"MACD上穿DIFF"发生金叉。以上三种普通指标,在同一日、同一周或同一月发生金叉,不管是大盘还是个股,是A股还是B股、大盘股及小盘股、及期货、黄金和全世界各国的股种、股类都会形成一波短期、中期、长期的上升趋势,股指、股价都会有不同程度的涨幅,这就是我们发现的共震现象,也称作"共震理论",是经过多次验证不错的一种判断股市趋势方式。"共震理论"优点是:上升趋势明确、直观、易学、易懂,一看就会,缺点是:下降趋势较难把握,没有三年以上炒股经验者要慎用。

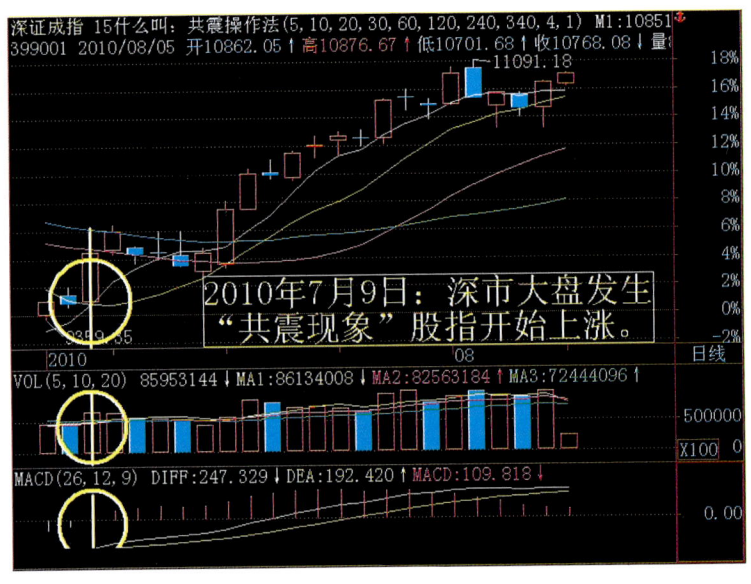

图1 "共震理论"图

图2说明：深证成指"太阳理论＋趋势理论"验证图。

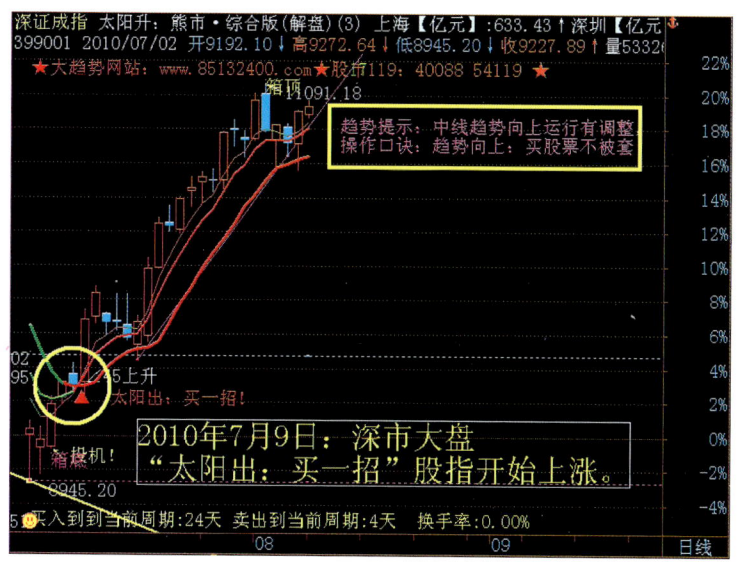

图2 "太阳理论"图

2010年7月9日，深市大盘在9480点时，图形中标注的"太阳出：买一招"文字，股指开始震荡上行，至2010年8月9日截图日止，深市大盘在10960点时，股指已上涨17%左右，图中标注"趋势向上：买股票不被套"，说明股指仍有上行空间。

"太阳理论"优点是：上升趋势更明确、更直观、易学、易懂，不管你是新手、高手、老手，凡识字者一看就能理解！

请有缘或炒股想赚钱的读者，验证一下太阳理论的"正确性和准确性"，并和"共震理论"比对一下吧（以上"两种股市理论"书中后面均有详尽论述）。

图3　"太阳理论"：深市大盘周K线

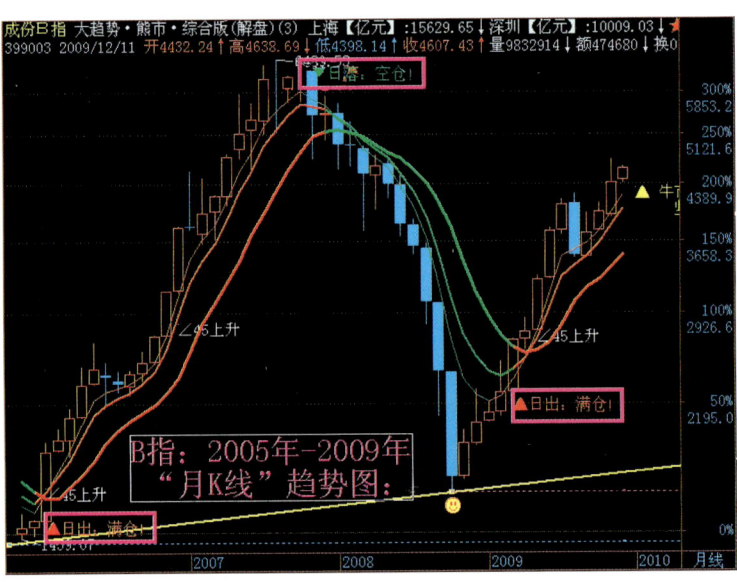

图4　"太阳理论"：成份B指，月K线

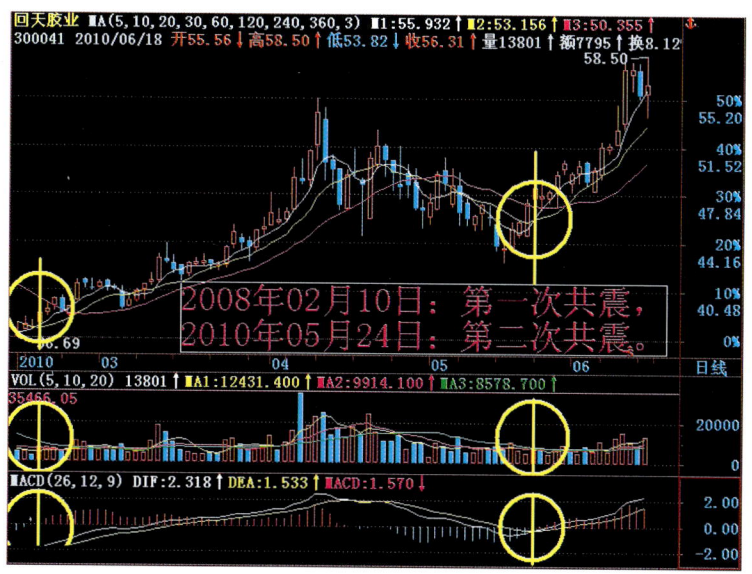

图5 "共震理论":创业板,300041 回天胶业:日K线

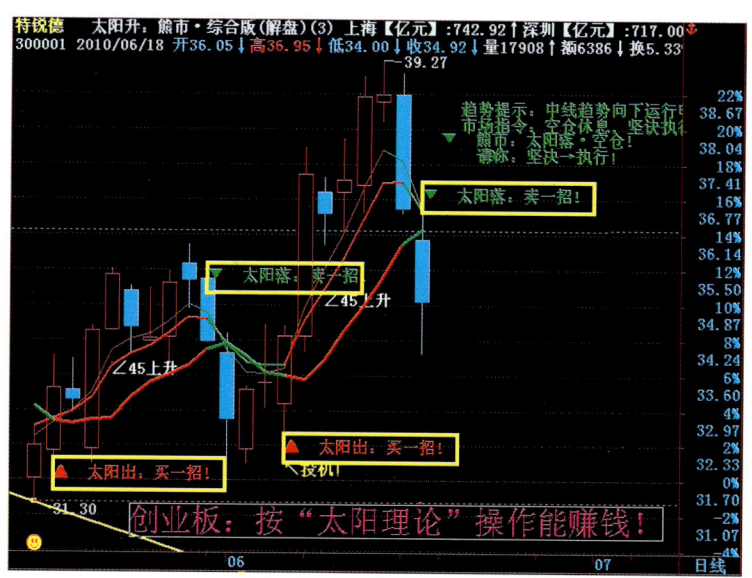

图6 "太阳理论":创业板,300001 特锐德,日K线

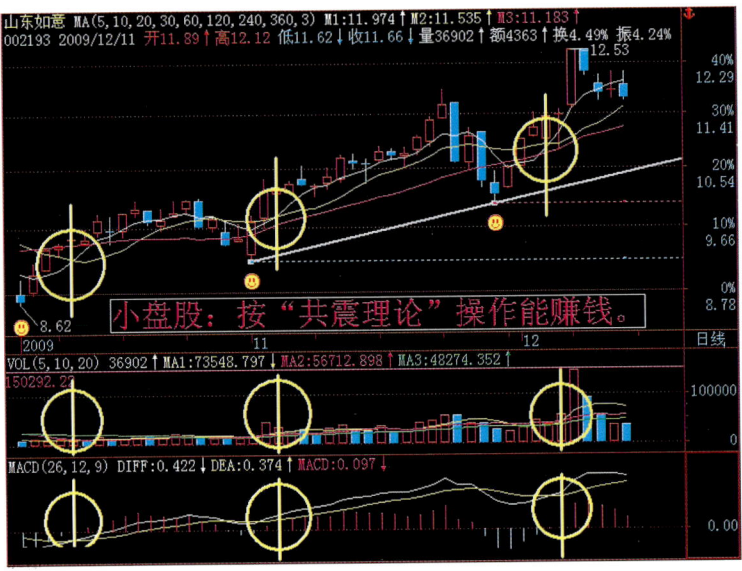

图7 "共震理论":小盘股,002193,山东如意:日K线

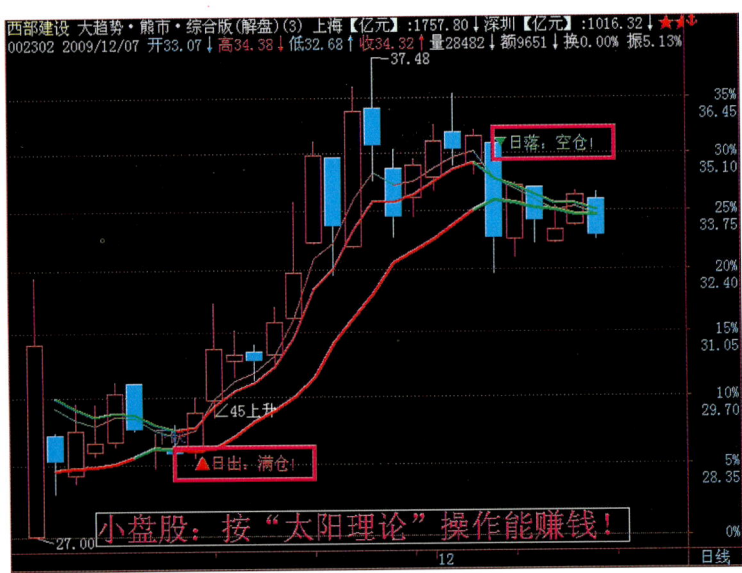

图8 "太阳理论":小盘股,002302 西部建设,日K线

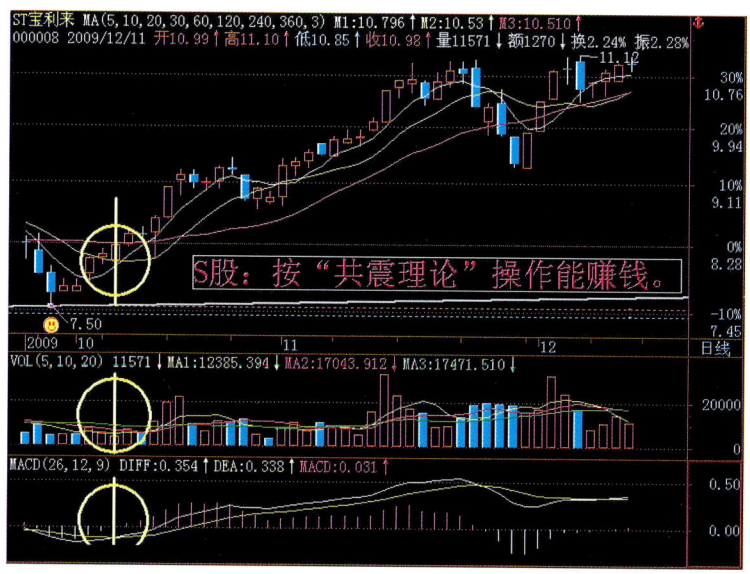

图 9 "共震理论"：ST 股，000008 宝利来，日 K 线

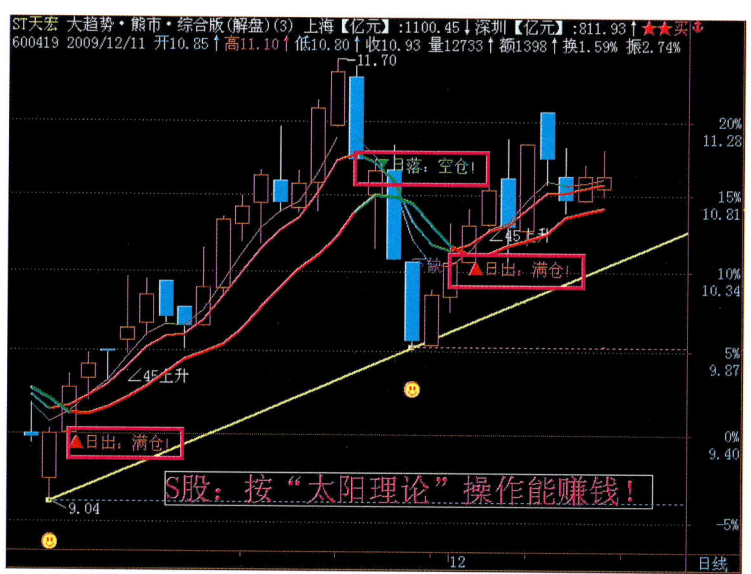

图 10 "太阳理论" ST 亏损股，600419 ST 天宏，日 K 线

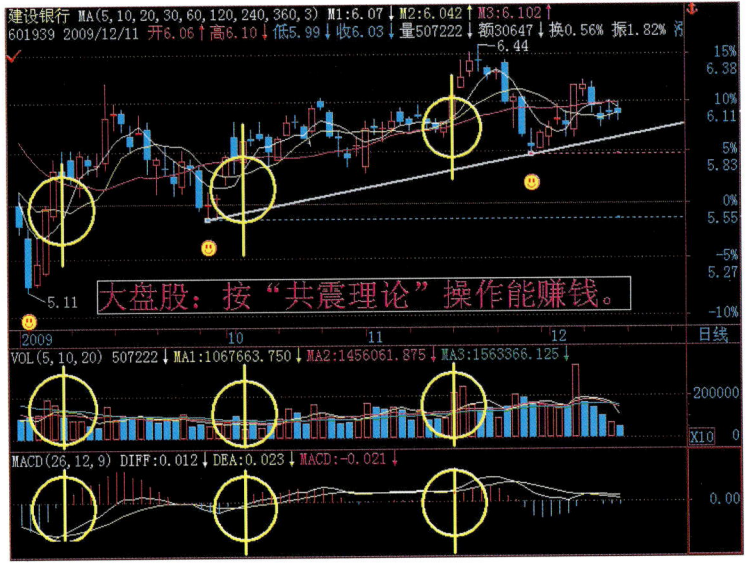

图 11 "共震理论":大盘股,601939 建设银行,日 K 线

图 12 "太阳理论":大盘股,600001 邯郸钢铁,日 K 线

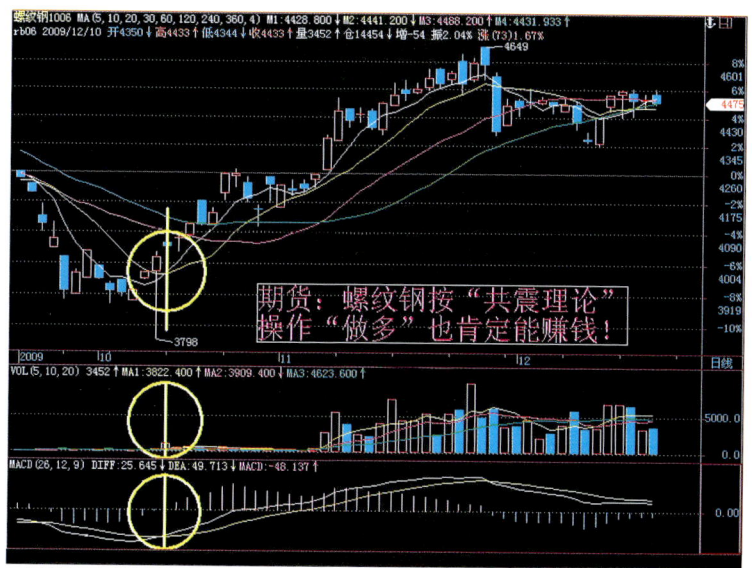

图 13 "共震理论"：期货，1006 螺纹钢，日 K 线

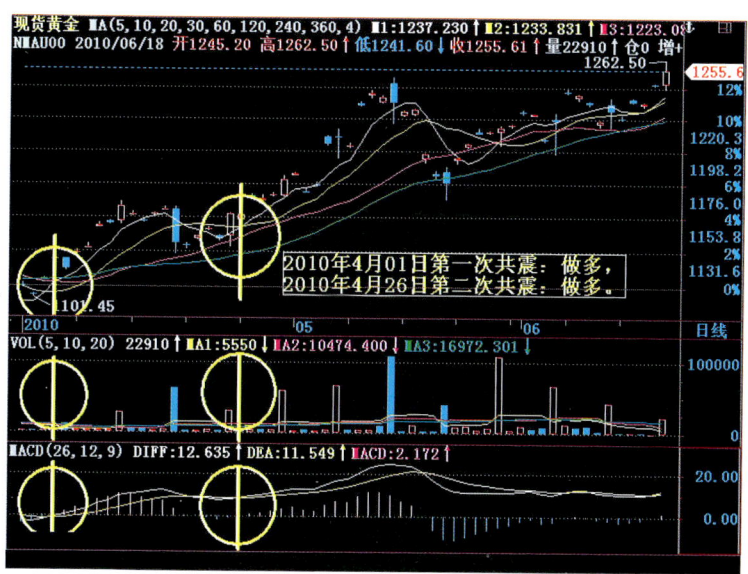

图 14 "共震理论"：现货黄金，日 K 线

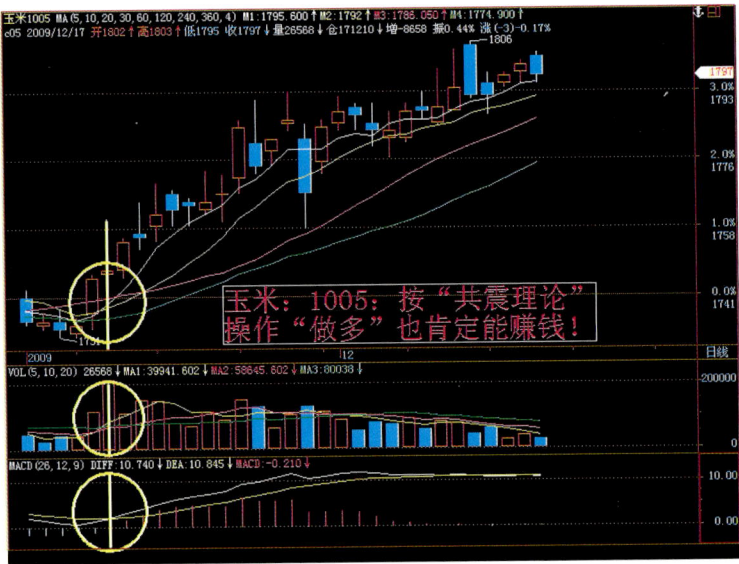

图 15 "共震理论": 大连期货, 玉米 1005, 日 K 线

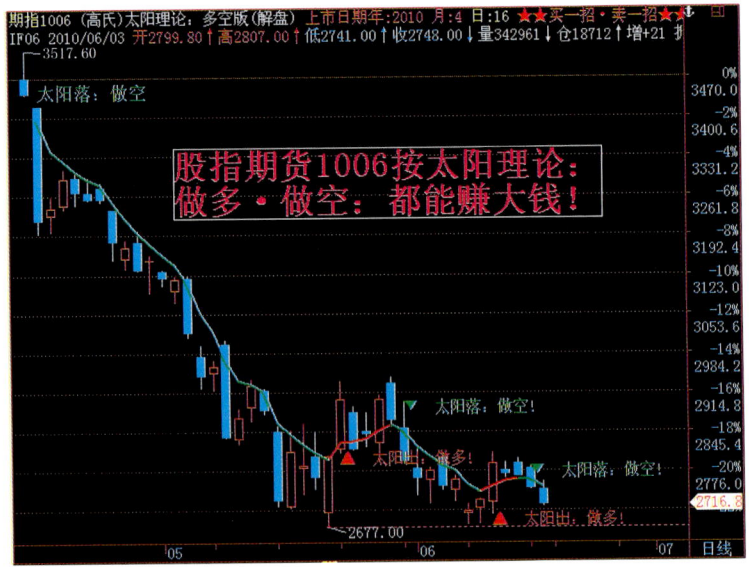

图 16 "太阳理论": 股指期货 1006, 日 K 线

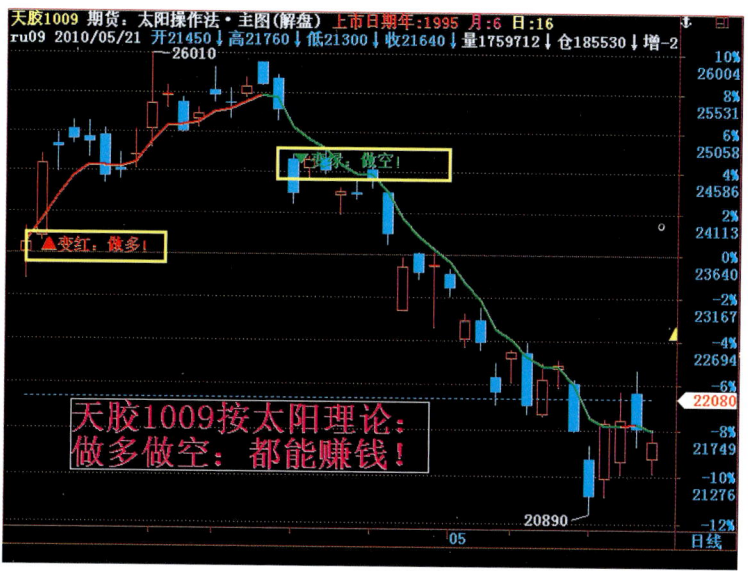

图17 "太阳理论"：上海期货天胶1009，日K线

图18 "太阳理论"：郑州期货，白砂糖1103，日K线

以上18幅彩图，其中有2009年及2010年"共震理论"和"太阳理论"两种验证图。有上证指数、深证指数、B股指数，有大盘股、小盘股、创业板及ST股、期货、黄金，有日线、周线、月线验证图。从两类图形中，均可以看出明显的趋势转变点，也可以发现买入和卖出的"稳赢点"，区别是"共震理论"需要更熟悉技术分析的投资者操作，而"太阳理论"则像傻瓜相机，为更多初级投资者提供了清晰指令，即使初入股市，也可比较稳妥地规避风险，抓住获利时机。希望大家从中能"悟出点"什么或"学会点"什么，能从股市中把以前损失的资金赚回来！至少也可把买此书的钱数倍地赚回来吧！

炒股不能猜猜猜

炒股不要猜猜猜,不是游戏是理财,
靠猜买进股票后,结果就是蒙着来。
股市赢输二八开,站错队伍悔不该,
不亏才是稳赢点,看准趋势再买卖。

第一节
股海无边，捞到真金才是岸

从1991年至2010年只有20年的中国股市，已经历了三次大熊市，四次大牛市。您在股市中赚钱了吗？

从中国股市实际情况看，股市任何涨、跌周期时间段内，均有大大小小无数"重大利好或重大利空消息"出现，政府调控、管理层监管、专家、媒体各行其道；五十周年大庆、股改的成功、十几次降息、数次升息、环球金融危机、六十周年大庆、融资融券实施、股指期货推出等等重大事件此起彼浮，但我们可以看出，无论投资市场发生了多少变化，股市仍按自身规律在运行，这就是市场的难以扭转的规律。

所以，我们研究市场，顺应市场，则赢；反之，可能会从希望到失望，甚至血本无归。认识到这一点，不少投资者在跌跌撞撞中探出血路，逐渐找到了自己的"黄金法则"，尝到"顺势"而行的甜头，我也是其中的探索队员之一。

我认为政策和管理调控会对市场起到重要作用，但最终市场还是会遵循自己的基本规律运行，也就是：

当"政策与规律"方向一致时，股指就上涨或下降；

当"政策与规律"一分为二,股指的上涨或下降,政策最终要服从"市场规律";

当政策强制希望"市场规律"改变其运行轨道时,只能是暂时的、局部的,改变不了大的"市场规律"运行轨迹。

事实证明,不管是牛市行情还是熊市行情,多数炒股者并不赚钱。通过市场调研,我发现股市存在着三大类股民:

第一类 夜郎自大类的先知先觉者

这类人是股市的冒进者,总认为自己是股神,什么都懂,别人都不如他,站在市场之上,自以为是,目空一切。想买到最低点,又想卖到最高点,最后的结果是,大户变中户、中户变散户,直到在股市中头破血流。

这类投资者的原则是鱼头鱼尾都要,鱼身也要,按我的说法:他们就是走在趋势之前,通吃,十次成功,二次失误,可能会把战果输光。这是贪心的结果,是人性弱点使然。

第二类 老股民中的后知后觉者

这类人是股市的稳健者,特点是不当上游也不当下游,不争先不落后,只当中游稳当一些,能赚钱,亏不了大钱。他们能做到,主力进场,我跟着进场,主力退场,我也退场。

这类人也就是大家常说的鱼头鱼尾不要,只吃鱼身,按我的说法:他们就是走在趋势之后,这类股民赚钱是必然的,赔钱是偶然的。

第三类 刚刚入市的不知不觉者

这类人是自己没有主张,随风贸然闯入股市,是典型的墙头草,刮东风向西倒，刮西风向东倒。这类股民只会跟风炒股，是赚不了大钱的，不赔钱是幸运的。绝大部分不赚钱的炒股者是第三类，不赚钱的原因归根结底，就是不听"市场"话，不跟"大趋势"走。他们犯了同一错误，就是听消息、看风向，对股市的明天抱着幻想，老在猜！猜！猜！到头来，可能只猜对了一半，常常买了就跌，卖了就涨，永远踩不对节奏，总在做主力的牺牲品。

所以我真诚提醒一下，凡不赚钱的炒股者，从您看到这本实战读本后，以后对股市千万不要再猜了，踏下心来，学习一些基本的常识，练就一点防身的本领，不赔钱是前提，再赚钱就有资本了。

我们说趋势重要，就要从历史中学会判断趋势。

下面我用2009年1～12月股市的行情，来帮助大家回顾分析沪市大盘2009年全年的走势。

首先简单分析一下政策面的情况。2008年国际金融危机，中国也不能独善其身，沪市股指从2008年1月中旬的5500点左右一路下跌至2008年10月28日的1664点止。在这段下跌时间内，维稳政策在陆续出台，各类消息满天飞，预测利好的消息也不断出现，尤其在奥运会前后，管理层使出浑身解数，能讲的都讲了；经济学家献计献策，各种救市的呼声一浪高过一浪，中国的股市仍是我行我素，毫不理睬管理层是怎样想的，各位人士是怎样讲的，各类投资者是怎么做的。到2008年10月的1664点，沪市大盘已跌了73%左右，创下了中国股市下跌的历史之最，令广大投资者、甚至多数机构都欲哭无泪。

很多人都说中国股市是政策市，为什么管理层动用了这么多利好的政策，中国的股市无动于衷呢？印花税也降了，新股也不发行了，股市还一泻千里，使国人感到无奈，使世人感到叹息，24万亿人民币就是这样在股市中消失了。那里面包含着千千万万股民的血汗钱，也包含着千万上市公司准备投入再生产的资金，造成了2009年中国的数千家中小企业融资难的局面。那时，金融危机对世界经济的打击使市场贫血了，资金流动缓慢，就像到了四季的冬天，大家都不出来种地，投资者信心严重受挫了。

到了2009年的上半年，虽然金融危机依然存在，但国家开始重视市场对经济复苏的作用，4万亿的资金投入经济运行的各个板块，中国股市开始像打了气的气球，一路震荡上行，沪市大盘从年初1814点上涨到3160点之上，有60%左右的升幅；深市大盘从年初6546点上涨至13000点左右，有100%左右的升幅；很多个股已经翻倍，至少也有50%以上的涨幅。奇怪的是，绝大部分投资者还是赚不到钱，有很多炒股者仍然是"负翁"，各位读者能说清这是为什么吗？

我们从技术面分析一下2009年1～12月份的行情：

2009年1月5日交易首日，沪指从1814点开始，至12月31日沪市收在3247点，沪指上涨80%；深市从6546点开始，至12月31日收在13875点之上，深指上涨110%。在这段时间内以沪市为例，主力短线做了8次波段行情，直至2009年8月4日，沪指涨到3478点，中线一个波段行情才宣告结束。

下面我们用图来直观地看一下，2009年1月–12月底，主力大大小小的8次反弹行情。

图1-1说明：沪市大盘，2009年1月15日，盘中出现：5日、10日、20日三根均线，形成金叉，伴随着前一日的大阳线，2009年第一波行情开始。运行了24个交易日，其中17日出现明显的大阴线，至2月20日，5日、10日二根均线，形成死叉，沪市大盘已上涨22%左右。2009年第一波行情结束。

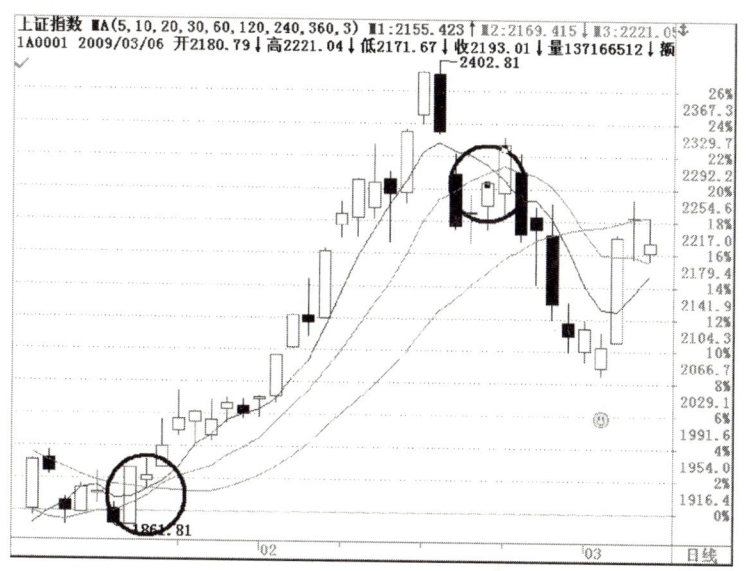

图1-1　沪市大盘2009年，日K线"第一波反弹行情"

图1-2说明：沪市大盘，2009年3月17日，盘中出现：5日、10日、20日三根均线，形成金叉，伴随着前一日的大阳线，2009年第二波行情开始。运行了28个交易日，其中4月21日出现长阴线后，至4月22日，5日、10日二根均线，形成死叉，沪市大盘已上涨20%左右。2009年第二波行情结束。

图1-3说明：沪市大盘，2009年5月4日，盘中出现：5日、10日、20日三根均线，形成金叉，伴随着前一日的大阳线，2009年第三波行情开始。运行了10个交易日，其中5月21日出现长阴线后至5月22日，5日、10日二根均线，形成死叉，沪市大盘已上涨8%左右。2009年第三波行情结束了。

图1-4说明：沪市大盘，2009年6月1日，盘中出现：5日、10日、20日三根均线，形成金叉，2009年第四波行情开始。运行了52个交易日，其中出现高位大阴线，说明做多上攻乏力，至8月6日，5日、10日、20

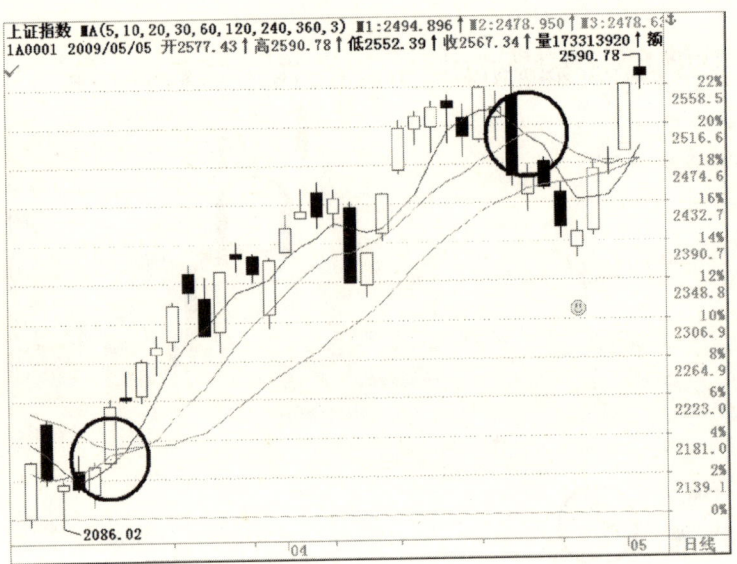

图1-2　沪市大盘2009年，日K线"第二波反弹行情"

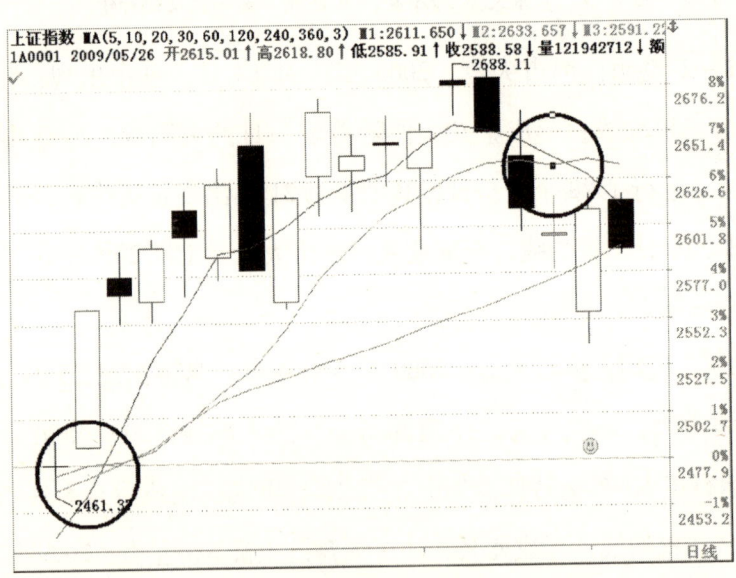

图1-3　沪市大盘2009年，日K线"第三波反弹行情"

日三根均线，形成死叉，沪市大盘已上涨30%左右。2009年第四波行情结束了。

图1-4 沪市大盘2009年，日K线"第四波反弹行情"

图1-5说明：沪市大盘，2009年9月8日，盘中出现：5日、10日二根均线，形成金叉，2009年第五波行情开始。运行了11个交易日，其中9月10日出现长阴线，至9月12日，5日、10日二根均线，形成死叉，沪市大盘已上涨5%左右。2009年第五波行情结束了。

图1-6说明：沪市大盘，2009年10月13日，盘中出现：5日、10日二根均线，形成金叉，2009年第六波行情开始。运行了12个交易日，其中10月27日出现大阴线，至10月29日，5日、10日二根均线，形成死叉，沪市大盘已上涨10%左右。2009年第六波行情结束了。

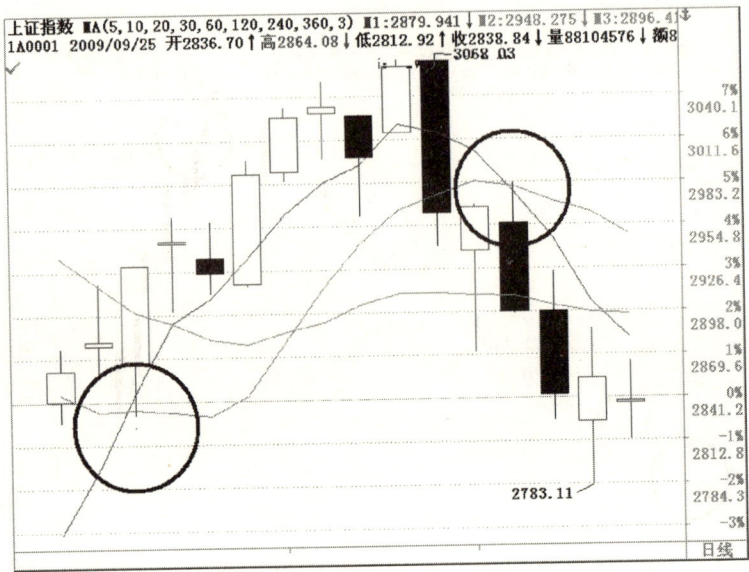

图1-5 沪市大盘2009年，日K线"第五波反弹行情"

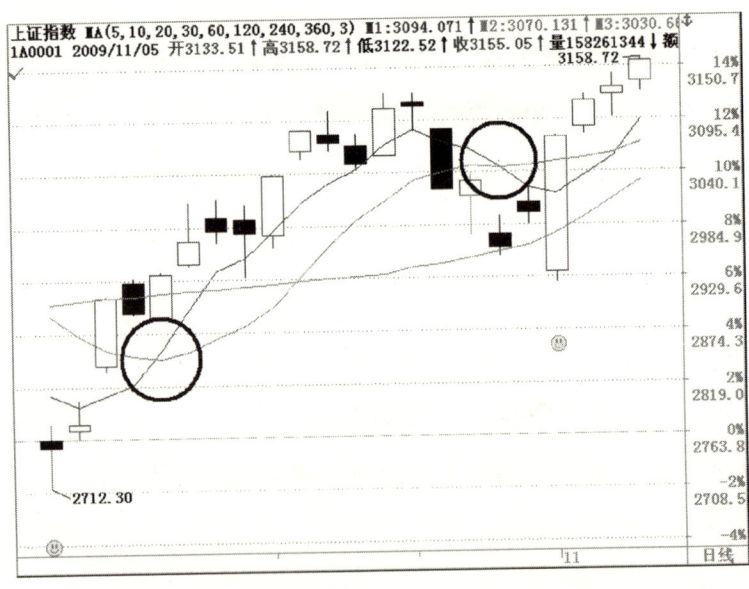

图1-6 沪市大盘2009年，日K线"第六波反弹行情"

图1-7说明：沪市大盘，2009年11月4日，盘中出现：5日、10日、20日三根均线，形成金叉，2009年第七波行情开始。运行了17个交

易日，其中 11 月 24 日出现长阴，至 11 月 26 日，5 日、10 日二根均线，形成死叉，沪市大盘已上涨 8% 左右。随后 2009 年第七波行情结束了。

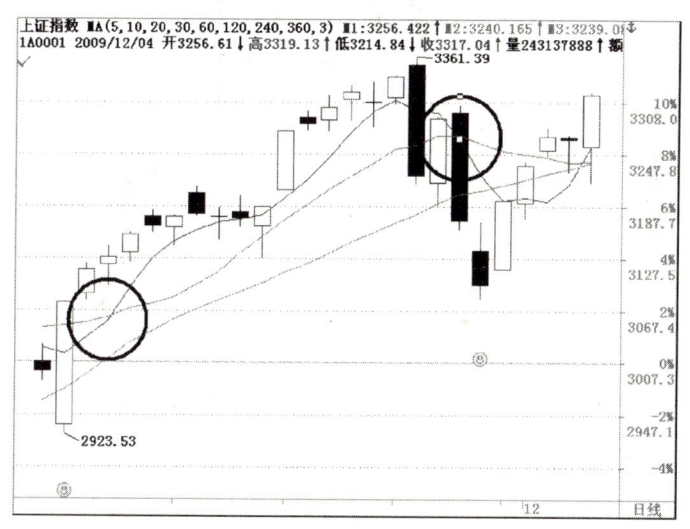

图 1-7　沪市大盘 2009 年，日 K 线"第七波反弹行情"

图 1-8 说明：沪市大盘，2009 年 11 月 29 日，盘中出现：5 日、10 日二根均线，形成金叉，2009 年第八波行情开始。运行了 17 个交易日，至 2010 年 1 月 20 日，5 日、10 日、20 日三根均线，形成死叉，沪市大盘已上涨 3% 左右。2009 年第八波行情结束。

下面看一下周 K 线、月 K 线反映的情况。

图 1-9 说明：沪市大盘周 K 线，2009 年 2 月 6 日，盘中出现：5 周、10 周、20 周三根均线，形成金叉，2009 年周 K 线第一波行情开始：运行了 30 个交易周，至 8 月 28 日，5 周、10 周二根均线，形成死叉，沪市大盘已上涨 85% 左右。2009 年周 K 线第一波行情结束了。

2009 年 10 月 30 日，盘中又出现：5 周、10 周均线，形成金叉，2009 年周 K 线第二波行情开始。运行了 14 个交易周，至 2010 年 1 月 8 日，盘

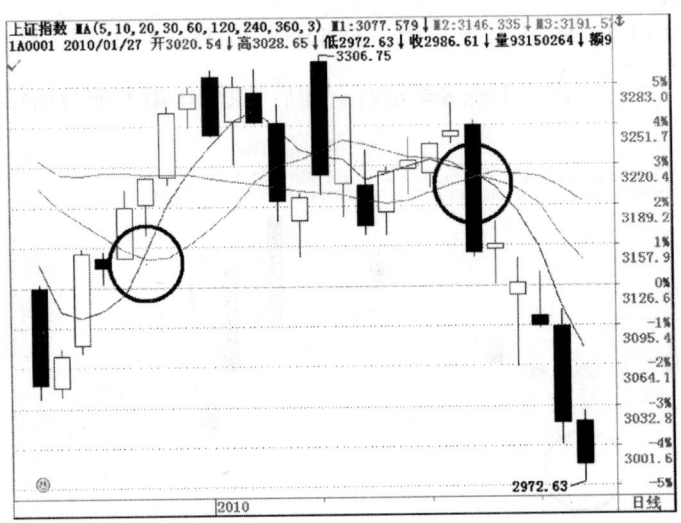

图1-8 沪市大盘2009年,日K线"第八波反弹行情"

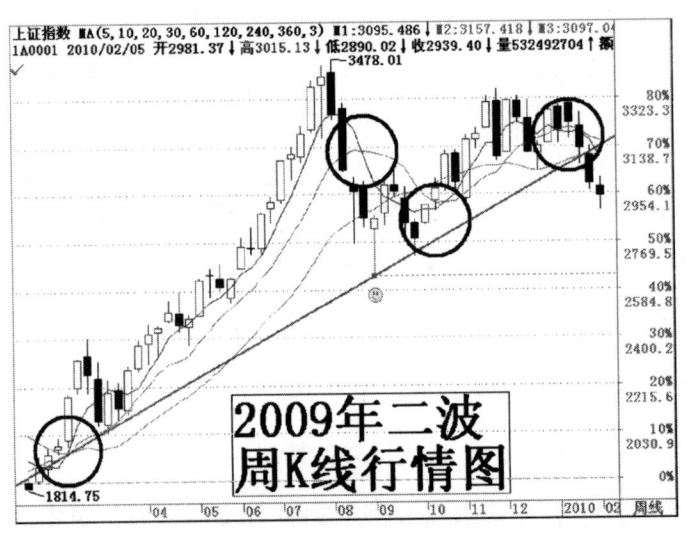

图1-9 沪市大盘2009年,周K线"第二波反弹行情"

中出现:5周、10周二根均线,形成死叉,沪市大盘已上涨20%左右。2009年周K线第二波行情结束了。

图1-10说明:沪市大盘,2009年1月至12月份,全年基本在5月均线上方运行。

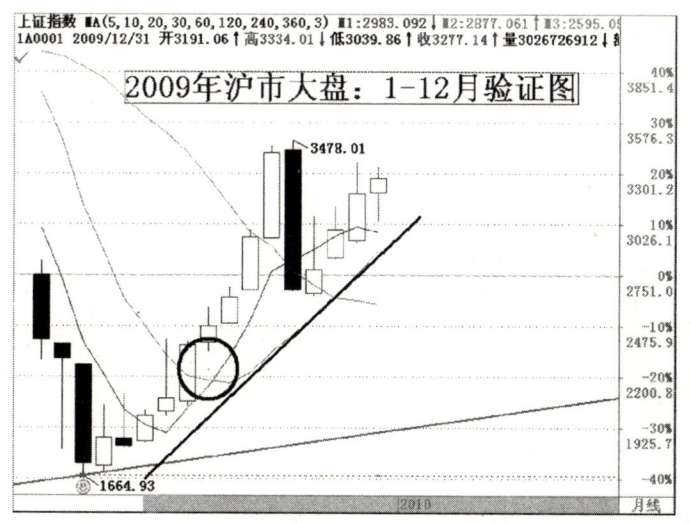

图 1-10　沪市大盘 2009 年，月 K 线 "全年行情"

2009 年 12 月 31 日，沪市大盘站在 3277 点之上，沪市股指上涨 80% 左右，深市股指站在 13533 点之上，深市股指上涨 110% 左右。

这是 2009 年全年行情的回顾，由此我们可以看出，凡是在趋势向上时，大部分个股是向上的，底部是步步升高的，因此你介入早点、晚点最多少赚一点点，却不会踩错点，犯"买了就跌，卖了就涨"的错误。

第二节

股海风大浪又险，无知盲目悔无边

从以上的图可以看出，2009 年 1 至 12 月份的行情，一旦上升趋势形成，人气形成的动能持续而上，在一定时间段内，量价齐升，不以任何人的意志为转移。我们看清了上升的趋势，持续跟进，可能少赚了几个点，但是却避免了趋势不明确盲目而入被牺牲的风险。在这样情况下，只要趋势没有出现拐点之前投资者都要以做多（做空）为主，上升趋势是赚钱的时机；下降趋势形成后，即使不会判断趋势的人，看到上面的趋势反转图形，只要不抱幻想，损失一点，减仓或空仓休息，就能保住收成。我把它比喻为日出日落：日出而作（买股）日落而息（卖股），是非常形象而贴切的道理。据统计，全国炒股者有1.4亿人之多，真正明白趋势的重要而会顺势而为的，少之又少。

沪市从2009年初的1850点左右上升趋势形成后，一路上涨到2008年8月上旬的3478点，看多派预测后市沪市大盘可涨到4000点之上，更有甚者，判断沪市大盘可涨到5000点之上。下面我们来看盲从者的路线图。

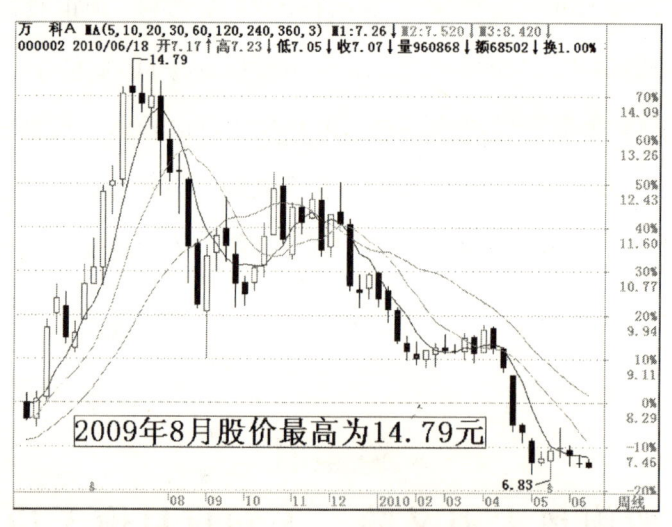

图1-11　盲从者的套牢图

图1-11说明：000002万科A，股价运行至2009年7月10日，最高为14.79元。由于当时沪市大盘屡创新高，看多派说该股能创20元之高，不少盲从者大胆买进，至2010年6月18日截图日止，股价仍在7.00元左右运行。当时杀入者，至今仍为套牢一族，由股民变为股东了。

第二章
历史是会重演的

股市运行二十载,市场规律不会改,
要想探寻其奥秘,趋势变换再买卖。
趋势为王不会错,无数事实证明过,
如果你还有疑虑,看完本书全明晰。

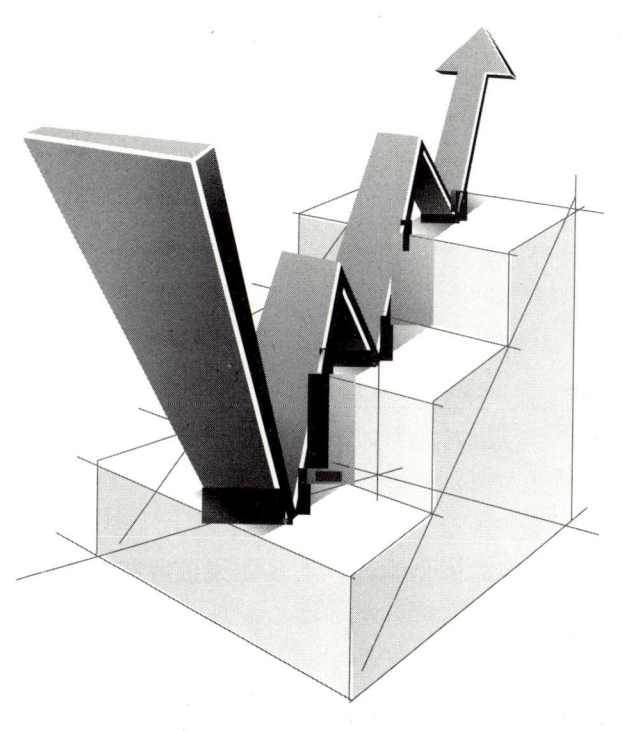

◆ 您可以不知明天股指、股价是涨还是跌,但必须要知道明天股指、股价各种周期的趋势是向上、还是向下。

◆ 您有必要知道,炒股和开车一样,懂得了判断趋势,就像配置了一套"导航仪",可少走很多不必要的弯路。

◆ 您一定要做到:"日出而作,日落而息",如果日夜颠倒,不输也难跑。

第一节

历史定会重演　学费不会白交

从1990年开始到2009年,中国股市已经经历了20个年头。在这是是非非、风风雨雨、涨涨跌跌的20年中,历史重演了多少次?有多少炒股者从十万炒成百万,从百万炒成千万,从千万炒成亿万。又有多少人从大户变中户,中户变散户。前者是少之又少,凤毛麟角;后者是多如牛毛,遍地皆是。为什么呢?

我们通过认真的调查分析,与各类投资者交流沟通,结论是绝大部分投资者没有接受历史的教训,而老犯同样的错误,就是糊涂买,糊涂卖,为此自己乱了方寸,信心全无,又恶性循环,造成财富递减。

大家知道，人都会犯错，聪明人会在一段时间内吸取以往的教训，可能不会再犯同样的错误，而更多的人常常好了疮疤忘了痛，总是旧错不断，新错又添，到头来自己的资金只能减之又减。

下面，我用几个典型历史时段图分析一下股市历史走势，给广大读者一种提示或警示，让大家学会从股市过去运行的规律判断它下一步发展的趋势，给自己找到投资的定盘星，避免不断重蹈覆辙。

我把2007年10月份的行情和2009年8月份的行情，用图形来反映和分析对比一下，希望广大读者能从中悟出点道理来。

图2-1说明：沪市大盘周K线历史验证图，当2006年一波史无前例的大牛市形成，沪市从2006年初的1000点左右上升趋势形成后，一路上涨到2007年10月中旬6124点。沪市大盘上涨5倍之多，而后下降趋势形成，沪市指数又下跌到2008年的10月下旬1664点，股指下跌了73%左右。我们看一看2007年的10月中旬6124点时，沪市大盘周K线，从均线

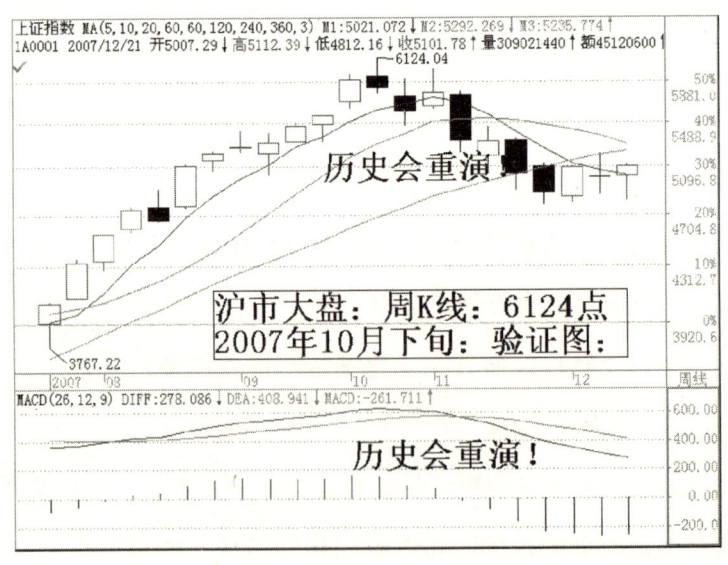

图2-1　沪市大盘：周K线"历史会重演"

来验证：多种均线形成向下呈空头发散，5周、10周二根均线，形成死叉，沪市股指从此向下调整了近一年的时间。

趋势型指标MACD同时也形成了DIFF下穿DEA，当时的市场舆论是一片看多声，说什么大盘要上8000点、10000点……事实怎么样，大家都已看到，这里就不多说了。

图2-2说明：2009年8月份的沪市大盘周K线图，几乎与2007年10月份的周K线图一模一样，就是这样的市场，仍然有人在抱幻想，说六十周年大庆即将来临、货币政策仍然不变，大盘仍然会再创3478点后的新高等等。事实是大盘几次反攻，但市场观望情绪严重，有时反反复复地反弹，但对一般中小投资者来说，那是连"汤"都难喝到的时期，不如养精蓄锐练内功，待行情起来再"重播"。正应了股市的俗语：

在牛市中，聪明人买，糊涂人卖，还有多人在等待，一波行情结束时，聪明人都笑起来。

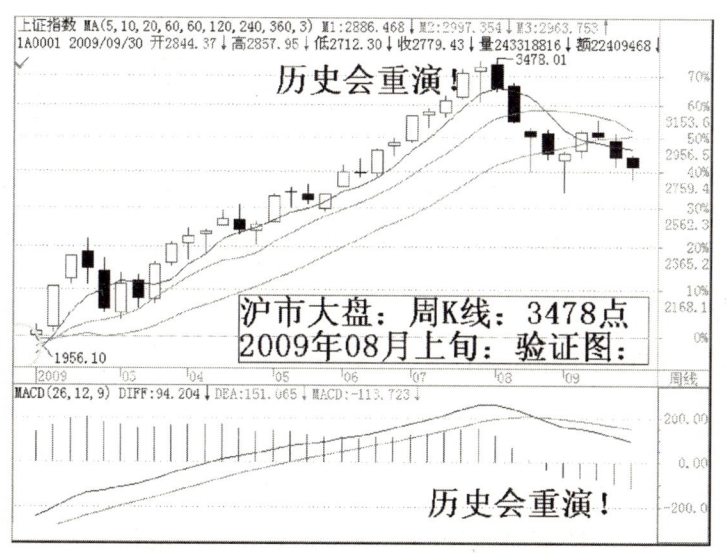

图2-2 沪市大盘：周K线"历史会重演"

在熊市中：糊涂人买，聪明人卖，仍有多人在等待。一波行情结束后，糊涂人哀叹悔不该。

第二节

股市的昨天、今天与明天

要学会看懂趋势，简单而言就是看明白"股市的昨天、今天和明天"。

股市的昨天，已成为历史，大家可以从历史中吸取经验教训。因为历史的运行虽然是变化万千的，但却是及其相似的。我可以从中找到历史的轨迹，提醒自己不要误入歧途；也可以判断出下一段的走势，而不再糊里糊涂往市场中扔钱。

股市的今天，如把每一只个股当做是一部电视剧，上午9：30～10：00是开局，主力经过半小时的表演，基本已定局。个股开局涨，当天基本以涨为主；开局跌，基本以跌为主。下午2：30之前是剧情变换的多事之秋。2：30～3：00是悲喜剧的定局时段，收盘后大局已定，多空双方各自表现，是对是错，是赢是输各有定论，此时此刻又将成为历史，大家再为明天做准备了。

图2-3说明：沪市大盘日K线，2010年4月1日，股指创一季度新高，已超过三天站在3100点之上，说明2010年周K线第一波行情开始了。

看懂股市的昨天、今天，为的是正确判断股市的明天。明天是涨是跌，各类人士用各种不同的方法去猜。我认为只要能握把明天的趋势即可。因为股市的明天，不定因素太多。国际形势的好坏，会影响明天的股

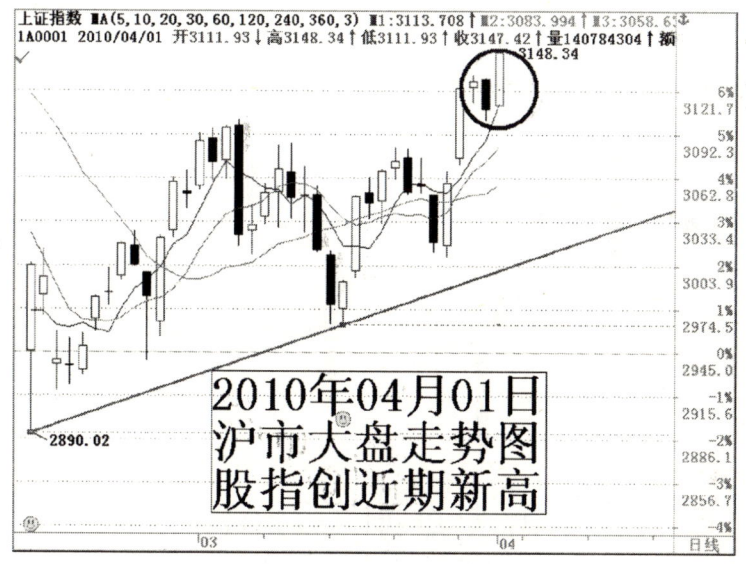

图2-3 沪市大盘日K线"股市的昨天、今天"

市涨、跌；国内形势变化，也会影响明天的股市涨、跌；管理层的一句话、一个公告、一篇社论、一篇文章，都会影响明天股市的涨、跌。对于个股而言，公司重组是否成功，重要领导的一句话，都会影响股价明天的涨、跌。

股市的明天，是所有投资者追求的目标。唯一能使我简单而又正确的判断方法，就是看趋势而定，"趋势向上：买股后而持股，趋势向下：卖股后而持币"。

我们经过多年的研究，用现实生活中最形象而又最有效的方法，告诉广大读者，就是太阳出来，我买股并持股。一旦太阳落山，我卖出股票而持币。简而言之就是"日出而作，日落而息"。故称"太阳理论"吧！（后面有专章论述）

图2-4说明：深市大盘日K线，2010年3月29日起，盘中出现：5日、10日、20日三根均线，形成金叉，至2010年4月1日，5日、10日、20日三

根均线，没形成死叉，就说明第二天（4月2日）持股观望，不卖股票。

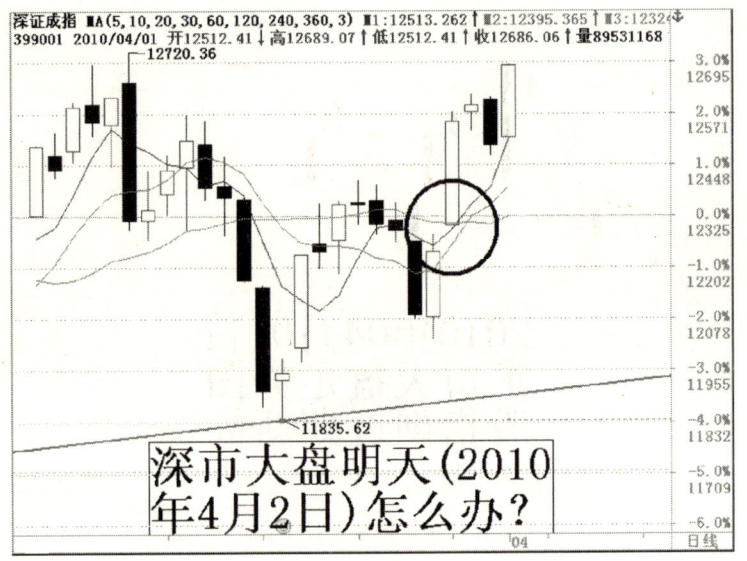

图2-4　沪市大盘日K线"股市，明天怎么办"

　　股市的明天之重要，演绎出了无数丰富多彩或悲壮惨烈的故事。但是广大读者切记，要熟练运用自己能掌握的几个最简单的技术指标，摸索它的习性，直到它被证明能够准确地帮助自己在市场上立于不败之地。我在投资过程中曾经交了很多学费，但是我用心去摸索市场的规律、趋势，不断总结经验和教训，获得了今天的成就。我愿意用自己的经历来帮助广大中小投资者，假如大家看了本书，能够学会判断趋势，在趋势后行动，减少损失，扩大收益，我会感到无比欣慰。

第三章

看懂大趋势，才能稳赚钱

永远跟着趋势走，紧紧握着规律手，
不达目的不罢休，勇往直前别回首；
大盘升势不改变，分步买进莫慌乱，
一旦升势拐点现，卖出股票落袋安。

第一节 趋势为王

顺势而行，是宇宙中万事万物的生长和发展规律，股市自然不例外。人说在牛市中，傻子都能赚大钱，闭着眼买股票也能中标，这不是玩笑话，因而有"牛市来了，猪也能飞上天"之说；而在市场下跌中，纵然是巴菲特这样投资大师买入的股票，价值也会持续下跌，区别是，不同的投资者看重的是不同时段的价值，对于高手来说，可以游戏其中高抛低吸；而一般中小投资者，我建议还是踏踏实实按规律办事，学会判断趋势，那才是使自己一步步向"钱"进的正路。逆势而动，"没有金刚钻，去揽瓷器活"，岂不是拿自己血汗钱做实验吗？

一、趋势的形成

趋势在投资市场中的表现，就是投资者的动能合力导致在一段时间内，市场不可抗拒的发展方向。那么趋势是如何形成的呢？

国内外宏观经济的变化、投资大众的心理趋向等诸多因素都可能导致投资市场趋势产生与变化。"趋势"有大与小之分，大则数年数十年，小则数日，更小的趋势瞬息万变，难以捕捉。

二、趋势后有多重要

大多数人关注的是趋势的开始与结束，但是我认为更重要的是关注趋势的确认与延续，也就是说减少走到趋势前面的冲动，跟随趋势，服从趋势，这样才能长期稳定地获利。大多数中小投资者对于市场可谓"沧海一粟"，无法成为趋势的引领者，走在趋势前面的结果，往往是首先被变换的"趋势"吞没。

三、趋势的买卖点

炒股者，大家一定知道趋势及趋势线，也有很多人按照趋势及趋势线去买卖股票。但许多人只是停留在理论的趋势线上，对实际的买卖点却常常难以把握。很多人知道在上升趋势中操作，可是却找不到买入点位。趋势是"价格"的直接表现，任何人无法在"下跌时"做多赚钱；无法在"上涨时"放空获利。因为价格是你是否获利的直接原因。

既然趋势重要，那么，如何来把握趋势呢？或者说是否有一种很好很简单的趋势判断方法和具体买卖以及仓位布置和止损方法呢？答案是肯定的。

趋势分为短、中、长三种，相应的趋势必须用相应的操作。

1. 短期趋势。如短期趋势上升，我们就要来找短期低点。短期低点就是日线低点的两旁较高的点，这个时候可以判断，这个低点就是短期低点。从短期低点向上就是短期趋势上升，短期趋势下降也同理。

图3-1说明：002208合肥城建，日K线，在2010年5月21日，最低价为8.42元，在2010年6月2日，最低价为9.28元，把两个低点连成一线，这条线就叫"短线趋势线"。

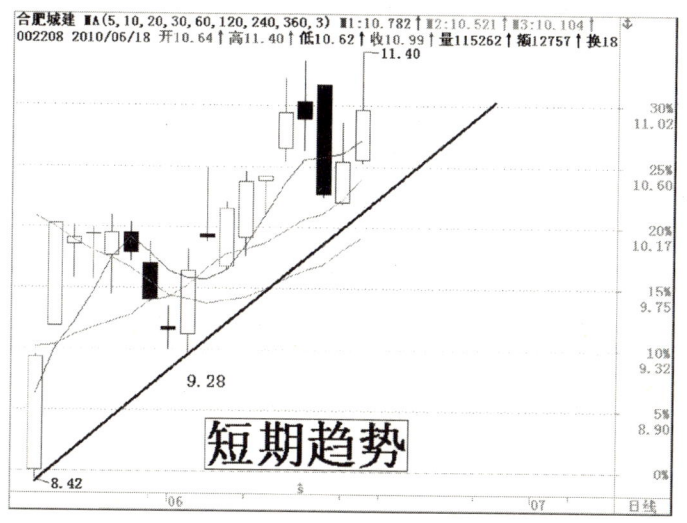

图 3-1　短期趋势图

2. 中期趋势。中期趋势的判断要复杂一点，但也不难懂。中期上升有以下几种：

（1）上升力度最强的：直线上升的中期趋势，有以下两个特点：

①上升的幅度和上升的时间：可以先对前期的一段中期上升的幅度计算后平均一下，只要这次在3天内涨幅超过它的平均值的30%，就可以判断中期趋势来了。

②怎么才算直线上升。上升过程中找不到短期高点，也找不到短期低点的，就是直线上升。结合这两种情况就可以判断直线上升的中期大趋势了。当然，这里有一个特殊性就是每天小涨的，但是却几乎天天涨，如果在6天以上涨幅超过30%，才可以判断为中期趋势。

（2）上升力度次之的是有三个或三个以上短期低点的，也就是震荡上行的，也就是每次的短期低点都比前面的一个短期低点来得高，就是短期低点不断上升。这就是力度次之的中期上升趋势。

但是，这里要注意的是这种情况下的短期高点的三个特点：

①短期高点也是不断上升的，这种走法是最强的；

②形成中期高点（一个高点两边有较低的短期高点，这个高点就叫中期高点），因为一旦中期高点形成后，会对价格有向下的牵引作用，所以它的力度次之；

③短期高点一个比一个低或者持平。这样上升的力度和下跌的力度几乎相当，于是就形成整理，上升的力度就最弱。

（3）中期上升趋势中最弱的是，出现中期低点。

什么是中期低点呢？低点附近有两个较高的短期低点，那么这个低点就是中期低点。

对于短期高点和中期高点的影响可以参考上面。

中期上升趋势还可以结合周线判断，周线形成短期向上，那么可以判断是中期向上。如果周线中期趋势向上，就可以判断是长期趋势转为上升。

图3-2说明：002013 中航精机：周K线，在2008年10月31日，最

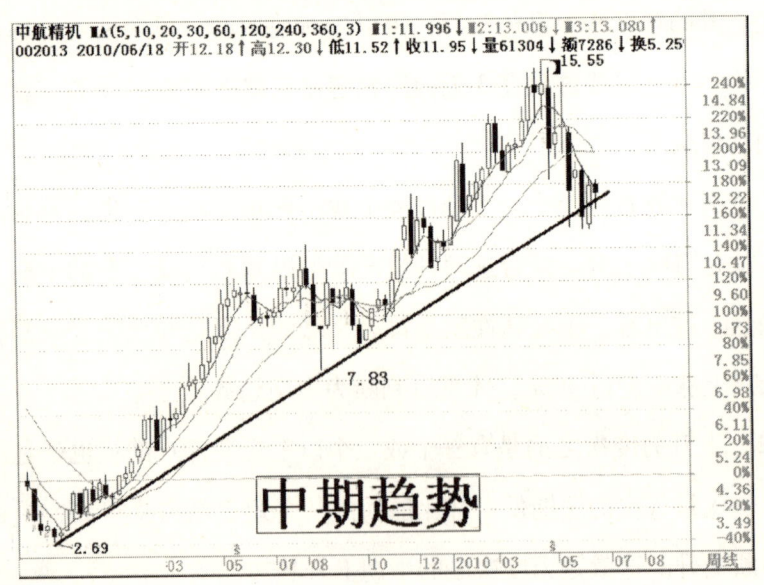

图3-2 中期趋势图

低价为 2.69 元，在 2009 年 9 月 30 日，最低价为 7.83 元，把两个低点连成一线，这条线就叫"中期趋势线"。

周线趋势如何判断，和日线是一样的。但是要特别注意的是，周线发出的信号往往慢于日线，所以应该以日线趋势为主。

3. 什么是长期大趋势呢？该如何判断？

这里也有几种方法。

（1）有两个或两个以上的中期低点，低点是不断抬高的。

（2）出现长期低点。什么是长期低点呢？就是低点两边有较高的中期低点，那么这个低点就是长期低点，长期低点形成后就转为长期上升趋势。

图 3-3 说明：600363 联创光电，月 K 线，在 2008 年 10 月 31 日，最低价为 2.97 元，在 2009 年 9 月 30 日，最低价为 6.12 元，把两个低点连成一线，这条线就叫"长期趋势线"。

（3）周线形成的中期趋势。周线形成的中期趋势为长期趋势线。

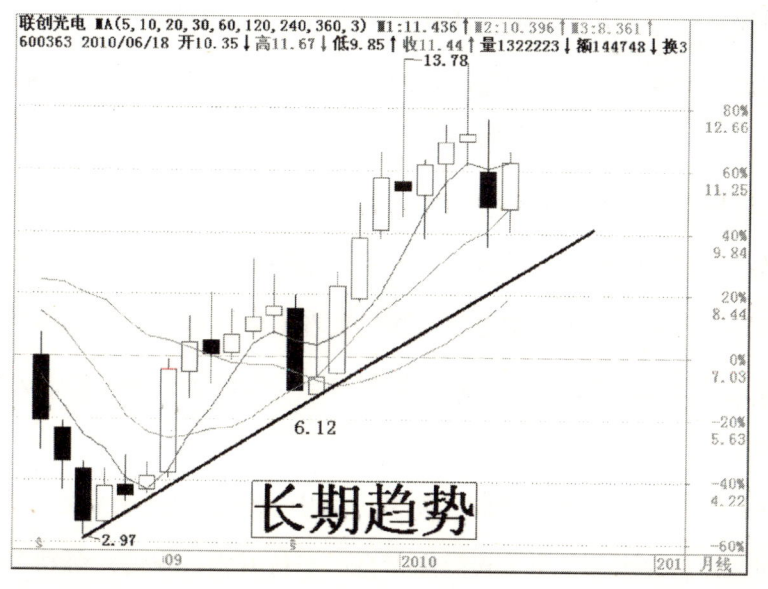

图 3-3　长期趋势图

第二节
我的趋势探索之路

对于趋势的探索,我是在股市中吃尽苦头、交了不少"学费"逼出来的。

1990年开始,中国股市在深圳、上海两地崛起。当时股票是一种极具诱惑力的投资方式。它能让人一夜致富,也能让人倾家荡产。多数参与股市的人都是"糊涂买来糊涂卖",谁也不知道什么时候能买,什么时候能卖,"赚钱与赔钱"只是碰运气,靠手气,完全是抱着赌一把的心态去买卖股票。绝大部分人不懂什么K线图、成交量,也没什么电脑看盘工具,K线图都是靠有心人手工画、计算,更谈不上去研究股市的理论。那时参与股市的人也就数十万。随着市场的成长,参与的人越来越多,研究的人也越来越多,各种国内外投资理论,不断引进国内。

笔者原是铁道部大桥工程处的一名普通工人。在动荡的年代,四海为家,转战南北,整整在铁道线上飘泊了20多年,直到1993年,我才回到故乡和亲人团聚。已到不惑之年,我肩负着生活的重担,可是一个月仅有的几百元微薄工资难以维持生计,思忖再三,我终于下决心辞去公职,到商海里闯一闯。

那时,我见汽配生意好做,便拿出家中的积蓄和从亲友处借来的钱,租了间门面房,当起了小老板。由于自己坚持诚实、守信、薄利多销,三年来,生意一直都做得很红火。可是由于竞争激烈,到了1996年汽配生意利润越来越薄，钱也越来越难赚，我决意另辟蹊径。

也正是在这时，中国股市如火如荼，正展开着一波大牛行情，我终于禁不住那一夜暴富传奇的诱惑，怀揣做生意赚来的几十万元，开始涉足人山人海的证券交易所。

我是一个头脑比较清楚但极其谨慎的人。刚一入市，我并没盲目地去买股票，而是先把资金投入到只稳赚不赔的打新股上。没想到，我的运气出奇地好，仅一个月，竟中了 8 个签！资金卡连拉大阳，我真感谢股市给我带来的好运啊！

不久，带着在一级市场大获胜利的喜悦，我开始在二级市场搏击。那时，我一点炒股的常识都不懂，只是跟在别人后面糊涂买，糊涂卖。有时好不容易追到一只黑马，刚一获利卖掉，它又奋蹄狂飙。1997 年初我曾在 22 元买进当年的领头羊深发展，没多少日子，深发展大发其威，一下子蹿到了 49 元。老伴说："资金都翻倍了，赶快卖了吧！"可我听股评家说，深发展很快会冲上 60 元大关，信心十足地持股不放。然而，市场有市场的规律，行情不是吹出来的。当深发展在 5 月 12 日创出 49 元最高价后，就再也无力上涨了。再往后，它一天比一天疲惫，仅十几天股价就跌去了 10 元多，我的"不到 60 元不撒手"的信念终于动摇了。股价跌到 38 元时，我心有不甘地赶紧出局了。之后，我又炒了四川长虹等指标股，虽说也赚了钱，可却感到股票越来越不好做了，尤其是对股市的阴阳不定、个股的难以把握，让自己伤透了脑筋。

当时，我所在的证券交易所，有一个为"大户会员"服务的"工作室"，不断发信息，来指导大户做股票。我根据他们的指令开始频繁地操作，想从中摸索出炒股的窍门。可是，几个月下来，我的资金急剧缩水，账面余额就不足百万了。眼睁睁看着自己多年辛苦赚来的血汗钱被无情的

股市吞噬，我心急如焚。在这个险恶的市场上如何才能趋强避弱？其中有没有规律可循呢？我决心要冲破迷雾，寻找市场运行规律。

我确信任何事情都有其自身的规律，股市一定不例外。但是，这是一个大学问，哪里是一个小百姓搞得明白的？但我有股不服输的牛劲，我想咱们没有学问，但有的是时间。俗话说，有志者，事竟成！刚开始我东一榔头西一棒槌，做了很多无用功，后来看了很多有关股市的书，与能接触到的有关人士讨论交流股市经验，最终我发现要在股市图表中，也就是大家都知道的"K线图"中来找市场规律了。

一、发现稳赢点——共震引导趋势

探索股市规律之路是艰苦的。我为了打开股市规律的之门，达到了痴迷的地步。我日思夜想，整天在电脑前，废寝忘食地琢磨。我受某证券报一篇关于"成交量组合"的文章启发，天天在电脑前潜心研究成交量与K线及其他指标的相互关系。

1998年7月上旬的一天，我依然在电脑前专心地研究钱龙软件的各种技术指标，突然间，移动的光标在某一点位定格，一道灵光在我的脑海里飞速地闪过——我兴奋之情难以言表，就像哥伦布发现了新大陆，我相信这就是最佳买点！我急不可待地用同一方法翻看了每只股票，包括大盘A股、B股、H股，只要光标移至某一点位，股价便开始拉升。兴奋之际，我觉得自己发现了股市波动的规律，便迫不及待地找各类专家进行求证。

我当时所在的营业部是全国有名的南方金桥营业部，那里藏龙卧虎，高手如云。营业部的老总对我的发现进行了仔细的验证，发现用这个软件的K线、成交量、MACD以及KDJ四个指标，只要在同一天大盘或个股出现其中的三个指标发生金叉，都会有一波行情。如果发生"四点为一线"，则必有一波大的行情产生。当时，证券部老总随意调出大盘1998年3月26日、深市大盘1998年3月17日的走势，都在此图形出现后，有一波上涨行情。再调出第一铅笔、深华源、甬城隍庙等股票，当出现此图形后，也有20%以上的涨幅。他建议我将这一"股市规律"整理成文字，向所在营业部的股友及社会推广。

为了把自己的发现造福于更多人，我从1998年至2004年，在这几年间先后给中国证监会有关领导以及中国证监会机构监管部、政策研究室去信，阐述自己的观点。然而，在当时能重视、理解我观点的人并不多，因为国内外知名股市理论已不少，我曾对很多有关人士说过：发现股市"波动运行规律"虽说偶然，但不可否认这是个实战中有价值的发现。研究股市规律的理论基础可是个任重而道远的课题。

在整理这一发现的过程中，我又一次完善了自己的创新，不但寻找到了最佳买点（此买点被我称为"一招定乾坤"），还找出了"一式见分晓"的最佳卖点。

二、股市规律的动能基础——共震现象

此后的一段时间内，我像祥林嫂寻找她失去的孩子一样，见谁都探讨股市规律的理论依据，问过老股友，问过证券公司老总，与当时"南京经济学院证券期货研究所"的教授、学者进行交流探讨，但没有人能解答清楚。有人说："看来，这个问题还需要你自己解决，因为这规律是你发现的呀！"

靠人不如靠己，我翻阅了大量的资料，更加仔细研究各种软件及其指标，然而那"规律"的理论依据仍如水中月、镜中花一样让我摸不着、看不明。

我开始频繁地参加各种投资讲座，有时听别人讲，有时则自己主讲，以期能得到灵感。一天，我得知消息说，钱龙软件的创始人"丘一平"先生将受邀在南京讲课，我欣喜地赶去听课，要知道，他可是我投资以来最佩服的人之一。

这堂课我听得格外仔细，笔记也记得格外详细，丘一平先生在讲到指标时，不经意地提到"能量"两个字。"能量"，我只觉得心灵深处的一种东西被唤醒了，是啊，我日思夜想，千呼万唤的"规律"，不是正体现在"能量"之中吗？

回到家，我紧闭房门苦思冥想，又找出有关书籍认真查阅，再与儿子一起探讨，渐渐地，一个闪烁着阳光的七彩通道在我面前打开了，迈进去，我觉得就越接近了市场运行的本质。

应该说，"能量"的启发，使自己实现了从现象到本质，从实践到理论的升华，是一种"质"的飞跃！

我认为股票一个周期"涨与跌"的过程（现象），从物理学、量子力学理论来看，就是"力的上升到下降"的过程，也是量能的"聚集到释放"的过程。

（一）量能聚集——最佳买入期："一招定乾坤"

量能聚集形成了最佳买入的基本条件，我把它称之为"一招定乾坤"。下面我分析一下最佳入市时机是怎样形成的。

我所用的"四大技术指标"中的各种平均值、平均价、平均线是根据K线理论、形态理论、波浪理论及道琼斯理论为基础的，我们来从技术面的变化看量能聚集的过程。

1. 5日平均线上升，说明市场5日之内成本价在上升。5日平均线

（价）超过10日平均线，说明10日平均价也在上升，5日平均线（价）与10日平均线（价）向30日平均线（价）推进，并超过30日平均线（价），说明30日平均价也在上升，由于市场上的成本价越来越高，势必造成对股指（股价）的支持，会进一步推动股指（股价）的上涨。

均价系统、均量系统、KDJ系统也是同理，当这些指标均向上发散，即我们所称的多头向上，能量、人气指数等也会随之上攻，到达一定程度后，导致量能聚集，形成金叉后股指、股价上升。

（二）量能的释放——最佳卖出期："一式见分晓"

我们看一下股票一个周期的下跌，与理论上量能的下降与释放的关系。

当量能越积越多，力能越来越大，把股指（股价）推向新的高度时，物极必反。当量能到了一个周期的顶部便要开始释放，这时聚集的力量会随着量能的释放而下降，股指（股价）也会随着下降。从物理学原理解释，物体上升时要有力能"推动与支撑"而下降时不需要力的"推动与支撑"。同样，股指（股价）下跌，是不需要成交量的配合是一样的。

从技术图形看，量能高度聚集时，均价线、均量线、KDJ、MACD四大系统均会立即作出反映。

1. 均价线系统中的5日均线会走平向下调头，向10日均价线靠拢；

2. K线图形会在相对高位出现大阴线、阴、阳十字星、长十字星、吊顶、射击之星等变盘信号；

3. 成交量系统中的均量线5日均量线会走平或调头向下靠拢10日均量线，成交量有可能放大，也可能缩小；

4. MACD的红柱线会缩短或DIFF趋势线又向下拐头；

5. 从 KDJ 系统短线指标看，K 值、D 值均会走平或向下调头，J 值也会从钝化（超过 100）快速向下调头。

MACD 系统是中长线指标之一。大盘或个股的走势在一个周期内与 MACD 系统紧密相关，不可分割，对大盘或个股的涨与跌起决定性作用。

大盘或个股，短者经过 4~6 天（周、月）的拉升，长者经过 8~14 天（周、月）的拉升，必须要休整一下。有的主力庄家做一波就回头调整，股价从起点拉升后又回到起点（下降趋势中出现较多）。用其他技术指标去判断都很难做到"可靠性、准确性及正确性"。

当日 K 线，MACD 系统中的红色柱状线（主力、庄家已把股指、股价拉升了数日）比前一日缩短，说明短期内趋势将转弱，大盘或个股将要出现向下调整。

在周 K 线中的 MACD 的红柱线比前一周继续放长，说明大盘或个股的短期"回调"不会太深，中线向好，经过数日调整大盘或个股还会创前期新高。周 K 线 MACD 的红柱线比前一周缩短（主力、庄家已把股指、股价拉升了数周），说明大盘或个股"中期趋势"将转弱，中期调整开始。

在月 K 线中 MACD 的红柱线比前一月继续放长，说明大盘或个股的中期调整不会太深。经过数周调整，大盘或个股还会创前期新高。如有的次新股没有周 K 线、月 K 线，请用 MACD 指标判断一下，只要 MACD 指标呈多头排列向上之势，说明个股仍可持股一段时期。

如月 K 线中的 MACD 指标红柱线比前一个月缩短或 KDJ 指标已有向下调头的迹象，说明"长线趋势"已转弱，有向下调整之势，请投资者千万不要犹豫，找反弹机会立即全部清仓，离场观望。

从理论上来分析：

1. 日 K 线：当 MACD 绿柱线在 O 轴之下运行时，量能就开始聚集，一旦量能充足并在力能的推动下把 MACD 推升到 O 轴之上时，第一根红柱线出现后，量能还在继续聚积，并再次在力能、量能的推动下把股指、股价推向另一高度，使红柱线继续放长，经过数日的推动，量能感到不足时，就需要补充。同时另外三大系统的均价、均量、KDJ 也发生连锁反应，另外三大系统的"量能"也需要补充后才能向"另一高度"发起冲击（向周 K 线冲击）。

如果 MACD 系统的量能得不到补充或补充不足，从图形看均价线（股价、股指）、均量线（成交量）、KDJ 会走平、下降、调头向下。数日后大盘或个股的行情就会结束了。

如 MACD 系统的量能经几日的补充又聚积到足以把大盘或个股又推向"更高一层"时，从图形上看，股价、股指经过几日调整又开始上升，均量系统均量线继续上升呈"多头排列"，成交量可能放大也可能缩小；KDJ 值调头向上或继续向上；从图形上看，只要"周 K 线"MACD"红柱线"比前一周放长，就足以说明量能上涨，趋势向上。

2. 如 MACD 红柱线与上一周持平就说明量能与上一周量能平衡。

有人会问，是不是当量能充足以后，就足以把股指、股价推向更高一层？

答案是肯定的。只要 MACD 系统中，月 K 线的红柱线比前一月放长，就说明股指、股价在向更高的层次进行冲击，其他三大系统也会同样发生连锁反应。

3. 如次新股、新股因周期太短没有 MACD 指标，可用 KDJ 指标判断，只要 KDJ 指标、KDJ 值呈现多头排列向上之势，同 MACD 红柱线放长的道理是一样，只要 MACD 的红柱线比前一月缩短或 KDJ 指标出现走平，J 值就会有钝化后，调头向下的迹象。

三、共震现象贯穿于股市各个阶段（各个周期）

图3-4说明：沪市大盘，日K线，在2009年1月15日、3月18日、5月4日、6月18日，日K线均发生了均线、成交量、MACD、KDJ，"同日金叉"共震图形，股指都有一波"上涨行情"，有朋友会说这种现象是巧合吗？不是，绝对不是！这就是股市自身运行的"内在规律"，也是不可抗拒的"共震现象"！

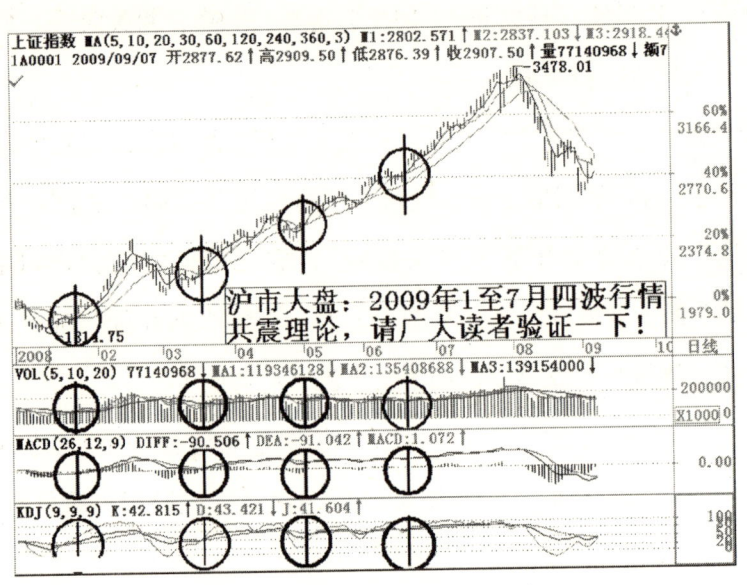

图3-4 沪市大盘日K线，共震理论图

图3-5说明：沪市大盘，日K线：在2009年9月8日、10月13日，日K线发生了均线、成交量、MACD、KDJ，"同日金叉"共震图形，股指都有一波"上涨行情"。

大盘A股有共震现象存在，个股是否也有这样现象存在呢？那么B股、基金、权证他们也有共震现象存在吗？下面请大家再验证一下吧。

图3-6说明：000813天山纺织在2009年5月5日、6月9日、6月

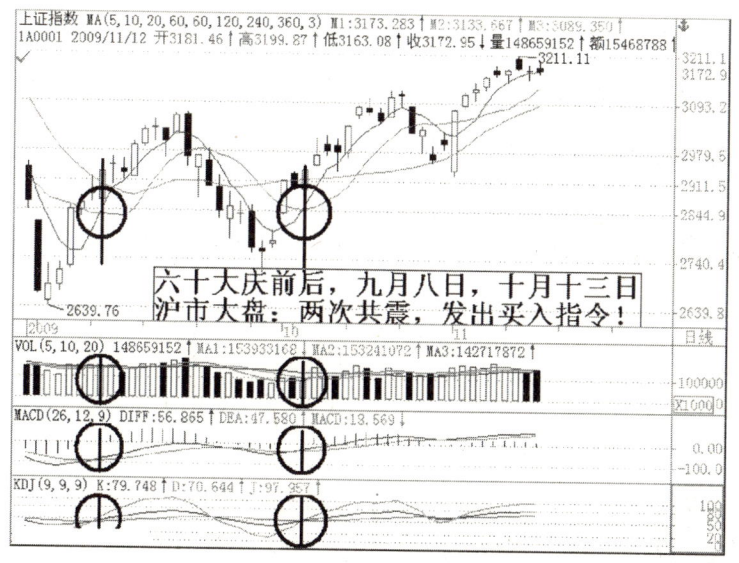

图 3-5 沪市大盘日 K 线，共震理论图

30 日，日 K 线均发生了均线、成交量、MACD、KDJ，"同日金叉"共震图形，股价都有一波"上涨行情"。

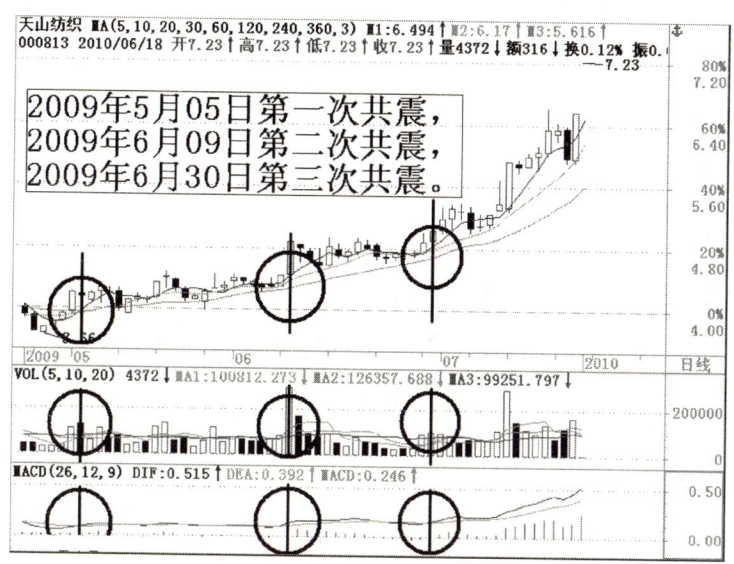

图 3-6 日 K 线共震理论图

图 3-7 说明：002166 莱茵生物周 K 线在 2008 年 11 月 21 日、2009 年 5 月 28 日，周 K 线均发生了均线、成交量、MACD、KDJ，"同周金叉"共震图形，股价都有一波"上涨行情"。

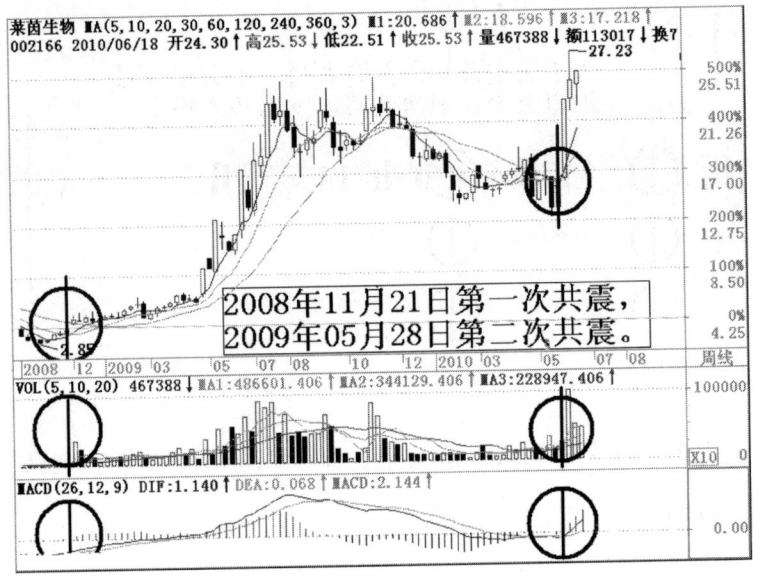

图 3-7　周 K 线共震理论图

图 3-8 说明：现货黄金日 K 线在 2010 年 4 月 1 日、4 月 26 日，日 K 线均发生了均线、成交量、MACD、KDJ "同日金叉"共震图形，股价都有一波做多行情。

经过验证，所有的 A、B、H 股、基金、权证、美股、港股、现货黄金……都存在共震现象，都按这样内在规律在运行。

同样，一般情况下，大盘或个股在每一个周期"相对高位"时（以高于年线、半年线为标准），60 分钟分时图、日 K 线图出现共震现象图形，属超短线或短线买入点（我称之为"一招定乾坤"），周 K 线、月 K 线一般均不会出现此图形，大盘或个股的上涨率只有 8%～20% 左右。

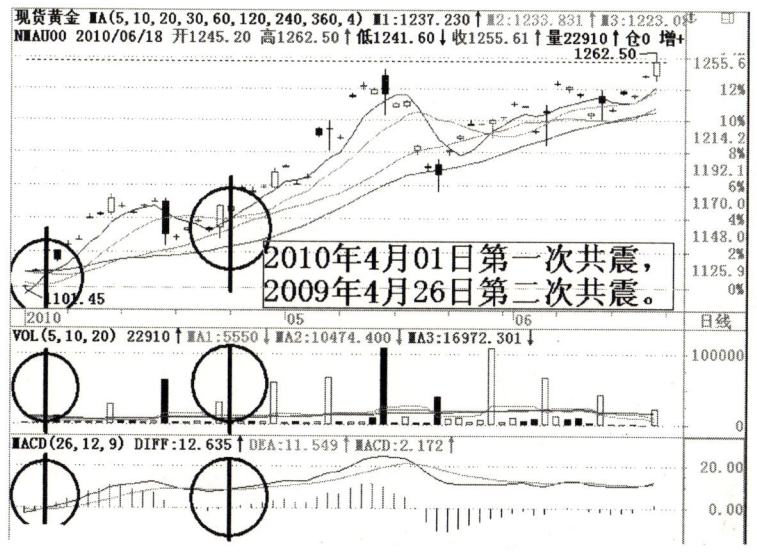

图 3-8 现货黄金"共震理论"图

不过,绝大部分的个股是"随大盘涨,亦随大盘而跌",只有少数是逆势而为,大家称为二八现象。普通投资者,一定要按"求八不求二"股市操作理念操作,否则你一定难赚钱。

第三节
能帮您赚钱的"趋势理论"

古谚云:"工欲善其事,必先利其器。"在买卖股票时,利用图表作参考,有助于我们感性地了解过往走势的"来龙",从而理性地预测后市走势的"去脉"。

一、趋势线

它是被投资者广泛使用的一种图表分析工具。趋势线的概念是：在一个上升走势中，把两个或两个以上升浪的底连成一线，加以延长，这就是上升趋势线；在一个下降走势中，把两个或两个以上的下跌浪的顶连成一线，加以延长，这就是下降趋势线。

二、趋势线决定买卖

若股票走势轨迹仍在上升趋势线之上运行，股票仍然可以持有；若跌破上升趋势线，就视为转势，要卖出股票。反过来，若大势轨迹仍在下跌趋势线之下，就应该继续持币；若上升突破下降趋势线，即是买入信号，要改为做多。

三、股票市场的价格趋势，由买卖双方力量较量所决定

图形，其实是一份"战况"记录。买家力量占上风，图形就是一浪高过一浪；卖家占了压倒优势，图形就一浪低于一浪。上升趋势线以上的"走廊"，恰恰是一浪高过一浪的惯性运动方向；下降趋势线以下的"通道"，正好是"一浪低于一浪"的惯性运动路径。假若走势跌破了上升趋势线，说明买气已由盛转衰，一浪高过一浪的惯性已开始扭转，所以成为出货信号；相反，如果走势冲破了下降趋势线，证明卖出已由弱变强，一浪低于一浪的轨迹发生逆转，因此成为入货信号。

四、趋势线有假象

依据趋势线的信号买或卖比较简单，因为把二三个浪的"底或顶"画

出一条上升趋势线或下降趋势线，是很浅显、容易的事。"种瓜得瓜、种豆得豆"，太容易的东西不会有太高的回报率，而且参考趋势线买卖的多数是初入行者，故此，市场大户最喜欢把趋势线的迷信者当猎物，有意破一破线，做假趋势线，设个图形陷阱。所以，就算图形冲破了下降趋势线或跌破了上升趋势线，投资者一定要综合当时的供求、经济、政治等因素，看看基本面分析是否真的利多或利空，这样，才不容易被假动作骗倒。

如果基本面因素和其他技术指标（量价分析、市场理论等）都和上升趋势线方向吻合，就不妨追涨持股。这时可不要自己吓自己，因为前面不是"陷阱"，而是"馅饼"，坚持下去会给你意想不到的回报。

第四节
趋势与趋势线的技术形态

由于K线图形经过数天的排列，即形成股市的"走势"或"趋势"。K线趋势图又分：

一、上升趋势，俗称牛市，在均线系统的表现

多种"趋势线"交叉时，就是我所说的"买一招"的开始：

图3-9说明：600268国电南自日K线从2010年1月上旬起，股价当时在19元左右时，盘中出现：5日、10日、20日三根均线，形成金叉，趋势线形成多头向上，从此股价便开始一路震荡上行至2010年4月1日截图日止，股价已上涨到30.00元左右，涨幅达50%左右。

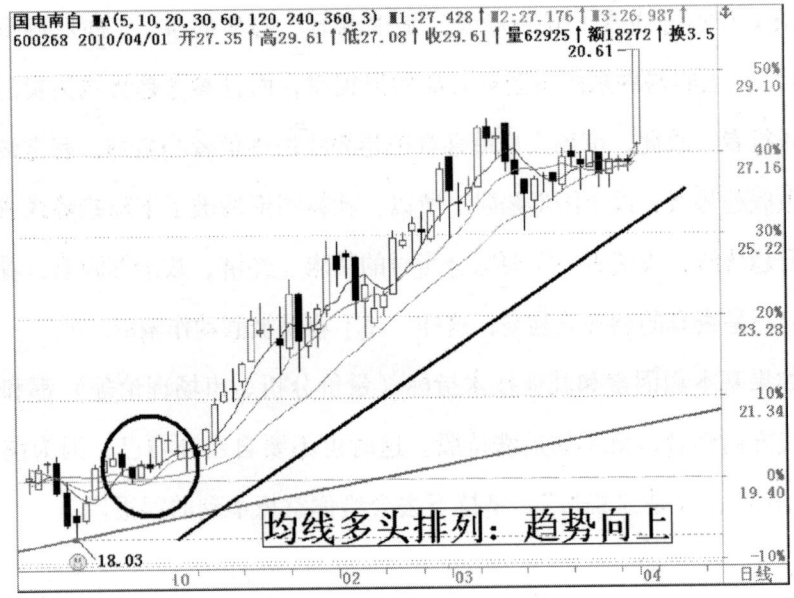

图 3-9 牛市图

在上升趋势中,股价震荡一路上升,K 线呈现多头排列向上之势。一般情况下,当趋势线向上呈多头排列时,股价都是沿着趋势线的上方运行。

当趋势线形成三线金叉,股价上涨。需要特别提醒的是:注意移动平均线中趋势线、长线的支持和压制作用:

1. 长线在趋势线上方运行,大盘及个股的股指、股价受到支撑,股指、股价基本形成上升趋势。

2. 长线在趋势线下方运行,大盘及个股股指、股价受到压制。股指、股价基本形成下降趋势。

二、下降趋势,俗称熊市,在趋势线系统的表现

沪市大盘:2008 年 1 月中旬开始为空头排列向下状态。注意,每种趋

势线向下交叉时,都是"卖一招"的开始。

什么是下降趋势:股价震荡一路下降,均线呈"空头排列"向下之势。一般情况下,当趋势线向下呈空头排列时,股价一般都是沿着趋势线的下方而运行。当趋势线形成死叉,股价下跌。

图3-10说明:深市大盘,日K线从2010年4月19日起,股指当时在12500点左右时,盘中出现5日、10日、20日三根均线形成死叉,趋势线形成空头向下,从此股指开始一路震荡下行至2010年6月18日截图日止,股指已下跌到10200点左右,跌幅达20%左右。

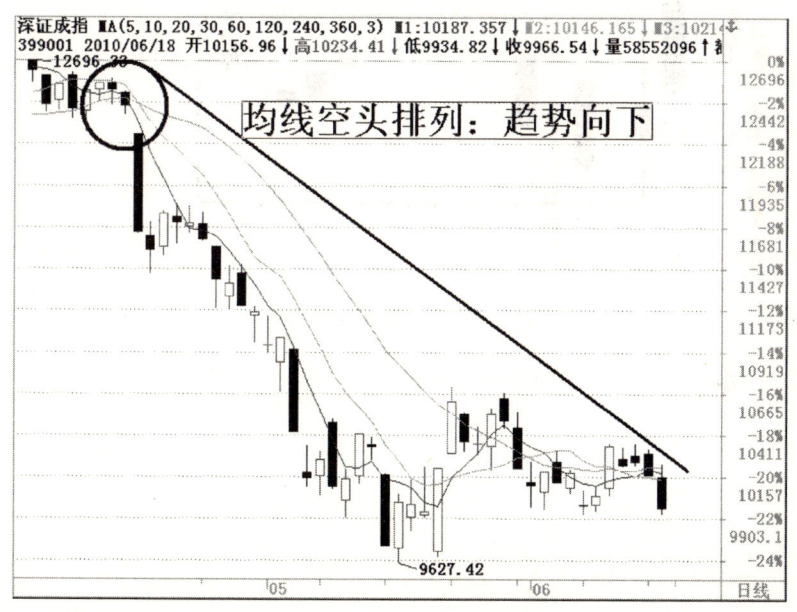

图3-10 深市大盘熊市图

三、平衡趋势,俗称牛皮市或盘整市

平衡趋势就是指股指、股价在一段时间内,在某段价格范围内震荡运行,俗称牛皮市或盘整市。

图 3-11 说明：600475 华光股份日 K 线在 2010 年 1 月下旬至 2 月下旬这一段时期内，股价一直在 17.50 元上下波动，K 线形态均已呈小阴小阳或者十字星出现，股价波动很小，属"牛皮市或盘整市"图。

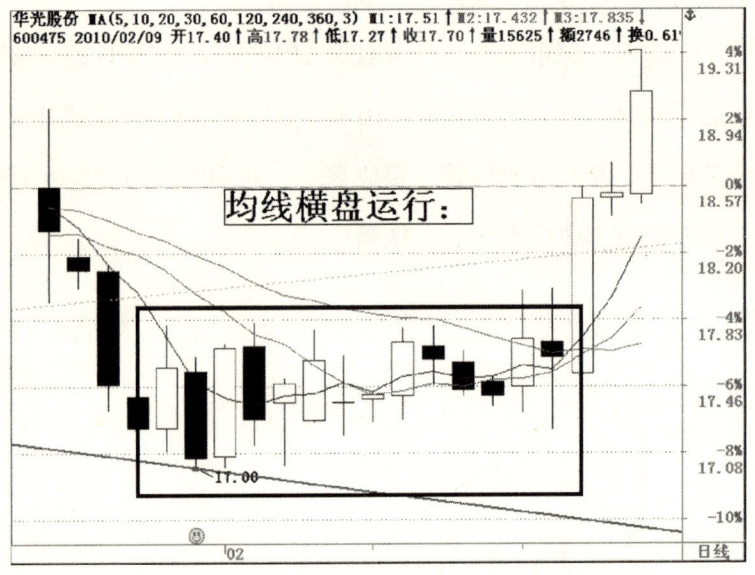

图 3-11　牛皮市或盘整市

第四章

分清四季——投资要向农民学习

股市四季要分清,四季不分无收成,
聪明的人炒春夏,糊涂的人炒秋冬。
春来万物齐生长,秋天收获入囊中,
炒股如果炒秋冬,赚钱愿望会落空。

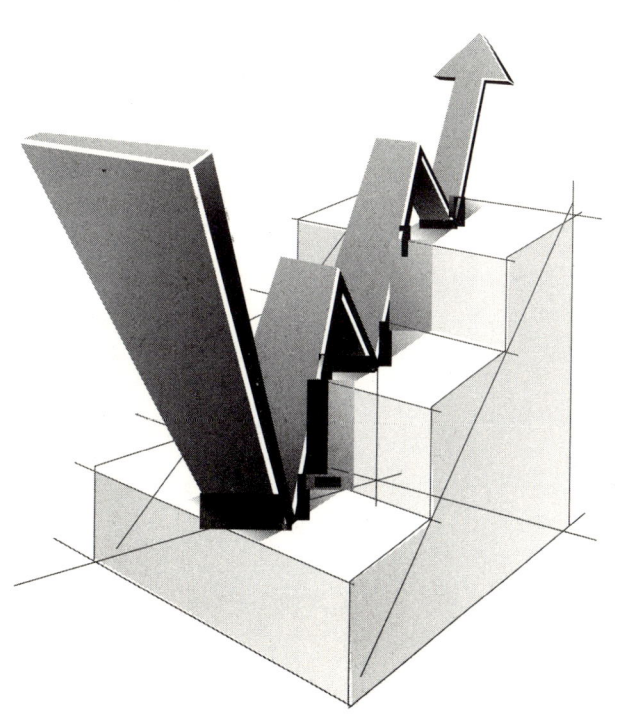

第四章 分清四季——投资要向农民学习

乍一看,炒股和农民种地有什么关系吗?您再仔细想想,农民种地就知道何时播种、何时收,何时清闲、何时忙,哪怕是再愚钝的农民都知道,春种、夏长、秋收、冬闲,这个种庄稼的四个阶段,绝没有一个农民会在冰天雪地去播种,半夜三更去浇水、锄地。联想到炒股,从道理上来说不是一模一样吗?你会说,春夏秋冬,千百年来四季轮回,地球人都知道,不用学就会区分,可股市却没有那么明确的界限了,它变化万千,诡秘无边,等到回过味来,悔都来不及了:套也套住了,赔也赔进去了,迷雾太多,骗术不断,作为中小散户怎么分辨得清呢!

我想告诉大家,这就是需要我们做的功课、遵守的原则,只要我们想分清股市的四季,就一定能够学会,掌握季节,适时而动;而不是闻风听信,不顾一切冲进股海,到头来潮起潮落,别人赚得盆满钵溢,自己却后悔莫及,总在没完没了等待解套。

从这个意义上讲,投资者首先要知道何时播种(买股票)、何时等待庄稼生长(等待股票拉升期)、何时要收割(卖股票)、何时再种下一茬庄稼(空仓等待下一次买股票)。

为了让广大读者弄懂股市的四季,什么时候春种、夏长、秋收、冬闲,我用图形给大家大致表示出来,大家看了,一目了然。

第一节
股市的春、夏、秋、冬

长线春夏不卖股,秋冬季节不能捂,

何时买进何时卖,投资投机不能赌。

短线日出之后买,决不日落之前补,

看好春夏和秋冬,潮起潮落要精通。

下面谈谈股市的这四个阶段。

长线:绝不在春、夏季节卖出股票,绝不在秋、冬季节买进股票。

图4-1说明:399001深证成指,在2005年底~2006年初2590点左

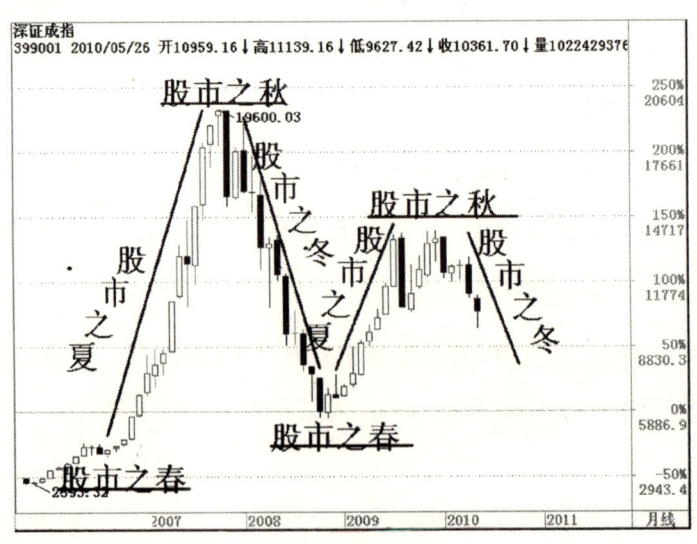

图4-1 股市四季图

右时，是深市股市的"春天"；2006年初～2007年10月19600点左右时，是"夏天"；2007年10月～2008年1月，是"秋天"；在2008年1月～2008年10月，是"冬天"。在2008年10份底～2009年初，又是深市股市的一个"春天"；2009年初～2009年11月13000点左右时，在这段时期内又是它的"夏天"。2009年7月份～2010年1月，又是深市股市的一个"秋天"；2010年2月初～2010年5月，股指从13000点向下跌，在这段时期内又是它的"冬天"。

一、股市之春：筑底吸筹阶段

第一阶段：盘底

这阶段庄家的主旋律就是盘底、吸货、试盘，跟风盘的策略就是观望，不要产生任何购买便宜货的欲望。

二、股市之夏：拉升

第二阶段：上涨攻击

庄家要赚钱，第二阶段是必经之路。筹码由第一阶段的集中转化为第二阶段的集中，庄家的现金—筹码—现金模式之转化，庄家做盘的吸、拉、派三部曲必须通过第二阶段来解决。

第二阶段是职业操盘手的聚宝盆，是赚钱的良机。第二阶段的股票给了投资者好中挑好的机会，大家要尽情选择"行业独特、庄家高控盘、走上升通道"的股票来操作。

三、股市之秋：在头部派发出货

第三阶段：做头

第三阶段做头往往与第四阶段出货一气呵成，真正等待第四阶段出货，股价已经下跌一大截。

四、股市之冬：在下降通道回调下跌阶段

第四阶段：出货

大家都知道，违反交通规则、随意闯入高速公路，出了事故，还要负全部赔偿责任。买入第四阶段的股票就等于自杀，推荐第四阶段股票的人等于谋财害命。特别是周K线处于第四阶段反压的股票千万不要买进，也不要随意抢反弹，特别是中小散户，更应该空仓休息，等待股市下一个春天。

我用春、夏、秋、冬来比喻股市投资，形象好理解，总结起来就是：

股市之春（筑底吸筹阶段）——买入；

股市之夏（拉升阶段）——持股；

股市之秋（头部派发出货阶段）——卖出；

股市之冬（下降通道回调下跌阶段）——休息。

第二节

股市的白天和夜晚

股市的四季，决定了我们阶段性操作的大原则，比如春天，仓位是逐渐升高的，夏天则是基本满仓但是要准备逐步减仓，而冬天以休养生息为主，储备知识和资金，以备春的信息一露头，以最佳状态投入市场。但是，具体在春天的什么时间操作是最合理，那就要注意一定是"早起的鸟儿有虫吃"，切不可半夜三更，逆势而动，那一定是占了资金，还没准赔了夫人又折兵。因为天没有亮时，漆黑一片，各路兵马、配备什么武器都一点不知晓，你盲目杀将进去，谁能救你呢？你会说，道理我都明白，但是到底哪会儿是白天，何时是夜晚，谁能分得清啊？我想对你说，磨刀不误砍柴工，要下点功夫去学习一些自己能够掌握的基本技术和知识，那是没有多少难度的。

我在多年的趋势探索中，开通了自己的网站，研制了自己的盈利方法，它非常好地把复杂的技术图综合成经典图形，我姑且称为"太阳理论"。

图4-2说明：399001深证成指，短线：绝不在上午"日出之后"卖出股票，绝不在"日落之后"买入股票。在2009年9月3日，图中标出"日出而作"，在2009年9月18日，标出"日落而息"；在2009年10月9

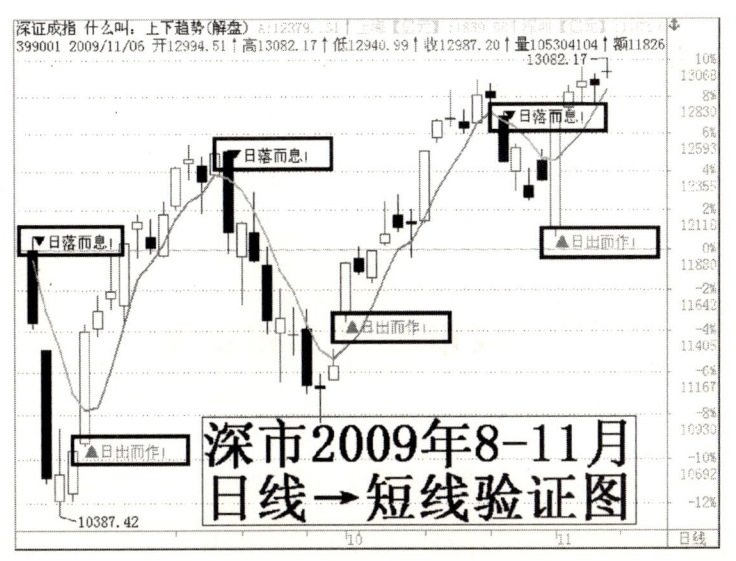

图4-2 日出而作，日落而息

日，标出"日出而作"，在 2009 年 10 月 27 日，标出"日落而息"；2009 年 11 月 2 日，标出"日出而作"，至 2009 年 11 月 6 日截图日止，没有标出"日落而息"文字处，原则可以严密观察而不动。

这个规律就跟季节的春、夏、秋、冬一样，日复一日、周复一周、月复一月、年复一年，循环往复，永远不会改变。股市的四个阶段与现时的四个季节有一点不同的就是，它的春、夏、秋、冬四个阶段时间无绝对规律，或春的时间长一些，夏短一些，秋又长一些，冬又短一些。但这四个阶段的循环顺序是决不会改变的。

第五章

我的"市场理论与太阳理论"

市场理论行天下，环球股市证明它；
要想投资把钱赚，必须要听市场话。
市场规律摸得清，你赢我赢大家赢；
如果你还有疑义，苦练内功莫犹豫。

太阳理论照万家，简单投资要靠它；
昼出夜伏有规律，投资也是这道理。
太阳出来坚决买，日落之后应该卖；
不按这样去操作，难保自己血汗钱。

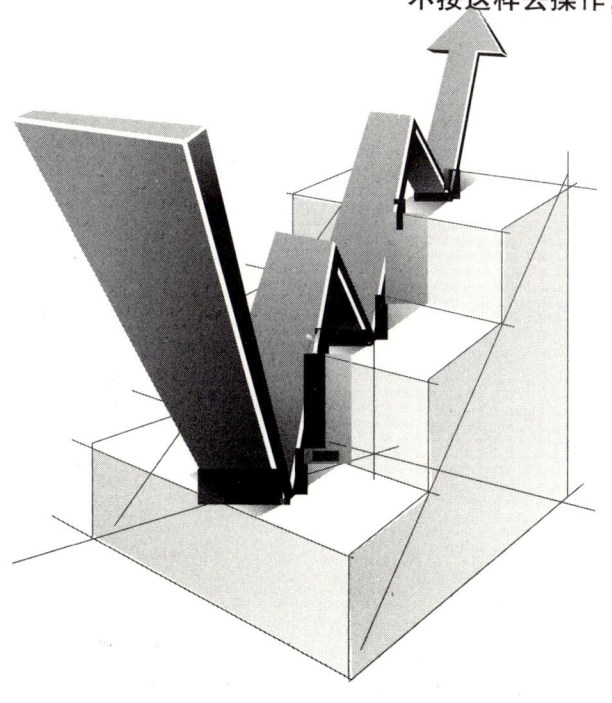

20年前中国股市翻开了历史性的一页，在伟人邓小平提议下中国恢复了股市。有了股市"市场"这个词就有了另一种特殊的含义。

第一节

市场永远是正确的

我在股市中实战14年，总结了14年，也研究了14年，我的体会是：

第一，我们必须要知道股市有规律在运行，而且是涨有涨的规律，跌有跌的规律，一旦涨跌趋势形成，则不以任何人的意志为转移。

第二，经过14年的实战，我们知道只有上升趋势形成（太阳出）之后才能赚钱，而且是大趋势赚大钱、小趋势赚小钱、没有趋势不赚钱。

第三，想在股市中赚到大钱，投资者必须要先付出时间，交出学费，又叫先舍而后得，不舍而不得，有舍才有得，天上永远不会掉馅饼。

第四，投资者一定要牢记听市场的话、跟大趋势走的操作理念，万万不能违背或对抗市场和趋势，否则只能是一个失败的炒股者。

我的"市场理论"核心就是：市场有规律，市场指挥一切，市场化解一切。听市场的话，要坚决做到不折不扣，跟着市场走，要坚决做到毫不犹豫。

说到"市场"这两个字，凡炒股者，是无人不知、无人不晓，而真正

理解"市场"两字含义者不多也！目前世界炒股数亿人，中国1亿多炒股者，都认为"市场"是投资者看不见而又摸不着的东西，但又都承认它的存在、重要。

但凡研究"易经"者，都知道世上万物皆有"规律"可寻，股市也不例外。世上万物皆有阴、阳之分，股市不也就是由一根根"阴线、阳线"组合而成吗？掌握了市场的规律，就等于坐上市场的顺风车，会赢而少亏；反之，盲人摸象，可能是买了就跌，卖了就涨，肠子悔清了却不知自己错在哪。其实，炒股就是两招："趋势之后：买一招及趋势之后：卖一招"，研究透这两招，才是股市赚钱的要点。

在这章中，我用自己的理论和图形向读者展示买卖点和日出日落点，以便大家清晰地看出操作时点。

图5-1说明：000668荣丰控股日K线，从2010年5月24日起，"太阳线"是红色的（这里看是黑实线），这时图中标出："趋势之后：买一招"文字，至2010年6月1日止，"太阳线"是绿色的（即灰实线），这时图中标出，"趋势之后：卖一招"文字，至2010年6月18日截图日止，图中没有标出"大趋势：买一招"，说明该股可暂不卖出。

图5-2说明：002166莱茵生物，月线沪市大盘在2009年上下震荡，而该股与大盘涨跌不同步，它逆大盘而动，从2010年的5月24日，股价一路震荡上行，从13.00元左右，直涨至25.53元，上涨90%之多。该股运行说明，炒个股也是炒趋势，就是炒"涨"。如果选中了它，适时买进，及时收获，你不可能不赚钱。

这个图形的转换，在我数年的验证过程中屡试不爽，它将市场多种动能综合起来，形成典型的图形特征，弥补了人脑难以捕捉的信息，是不能熟练运用技术指标的投资者的"自动武器"。

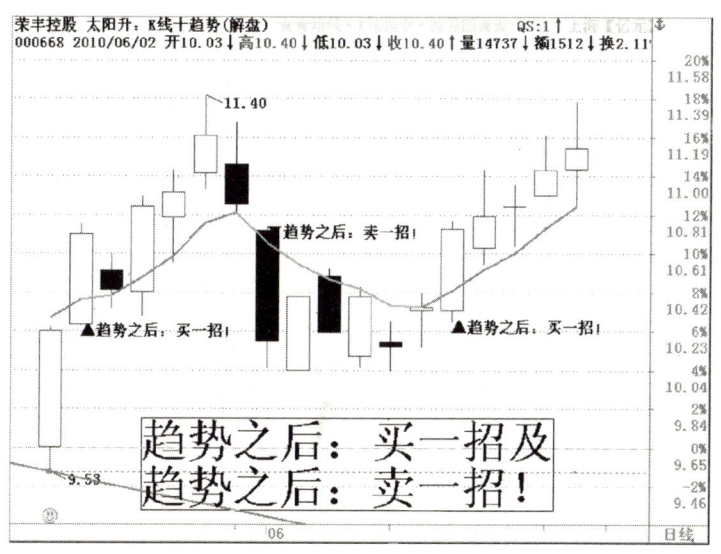

图 5-1　趋势之后：买一招及趋势之后：卖一招图

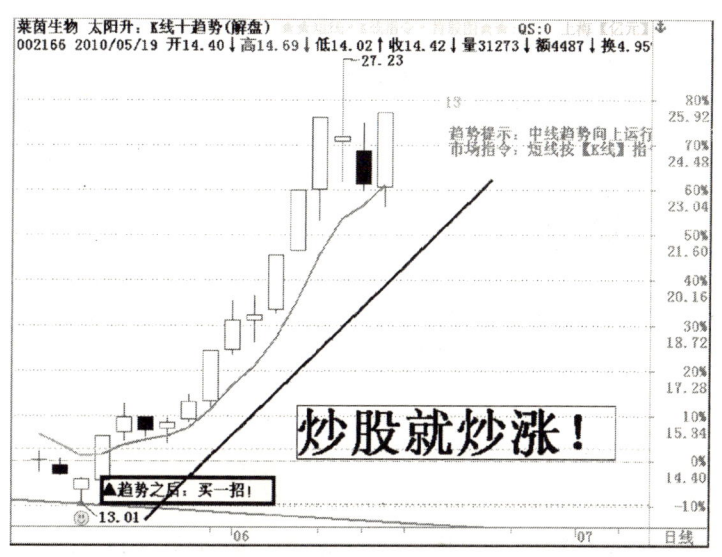

图 5-2　炒股就炒涨

我得出的结论是：市场是决定成败的，无论政策、信息、心理，最后都在市场中反映为一种动能，任何人无法扭转它的趋势，直到它按照自己的规律运行到下一个阶段，发生向上或向下的转变。因此我们只能够认识它、顺应它,才能收获投资的正果。

所以说股市的理论种类繁多,但千条万条依托的都是市场运行规律。股市市场理论,是所有理论依托的基础,我把它简化为:炒股就是两招,买一招、卖一招,招招都能赚钱,招招都是绝招,也可以说是:

两点一线盈利法:"买点+卖点+一条太阳线=盈利"

图5-3说明:000514 渝开发日K线,大盘在2009年行情中,有上涨有下跌,而渝开发,日K线一路上行。投资者只要学会按图上标出的文字处买进、卖出,多少都会有收益。

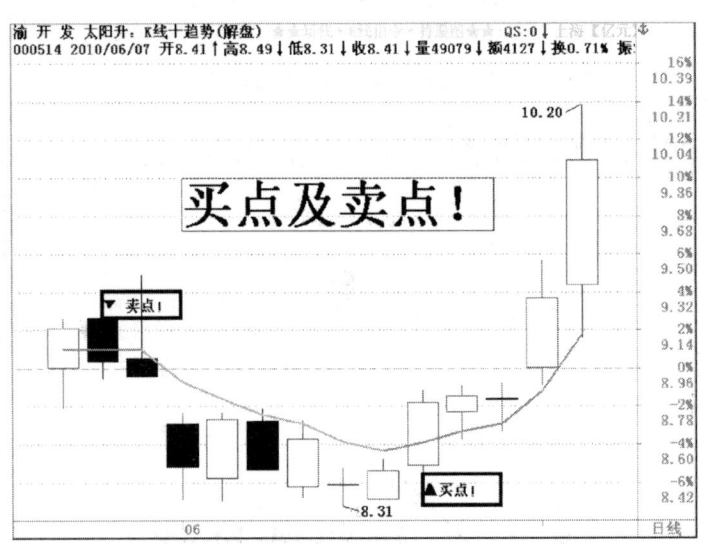

图5-3 买点+卖点+一条太阳线=盈利

图5-4说明:300004 南风股份日K线,大盘在2010年1至6月份行情中,涨少跌多,该股在2010年5月17日,股价在42.00元左右连续上涨至6月9日的57.4元之多,至6月11日股价在54.00元左右时,图中标卖点指令处,这波熊市牛股的行情才告一段落,股价涨幅达40%左右。炒股就是"两点一条线","买点"加"卖点"加"一条太阳线",趋势向

上买股票，趋势向下卖股票，就这么简单的方法，难倒了无数的英雄好汉，到底谁对谁错，都由市场来检验！

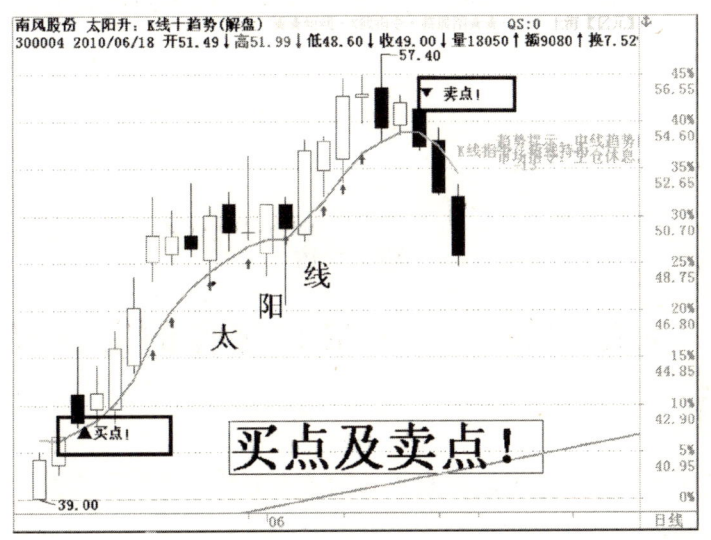

图5-4　买点+卖点+一条太阳线=盈利线

所以我一直认为，向市场学习，拜市场为师，是每个投资者的头等大事，市场永远是我们的"良师益友"，尊重市场就是尊重自己的财富。

有人说，中国的股市受政策面影响极大，所以有"中国股市是政策市"之说。

其实，政策与市场是有博弈的。政策出台如果顺应市场规律，则推动市场发展，反之则会使市场运行受负面影响。如果某一个政策出台时（不论是哪一方面的宏观调控）管理层能够考虑到股市自身的发展规律，顺应规律，则能够起到事半功倍的效果，那对于正确推动中国股市该是一个大好事，如2004年2月初，"国九条"的公告，2006年1月初，"五部委"的联合公告，在一段时间内，都起到了事半功倍的效果。事实证明，2005年12月上旬至2007年10中旬，一波大牛市的形成，2009年的4万亿稳定经济的投资，

2010年的房地产调控,无疑都是管理层在与市场共舞,都对股市的发展起到抑制或推动作用,而市场中的人受政策、环境影响,他们的心态反映到市场动能上就会对趋势产生作用,当然最终起决定作用的还是它的自身运行规律。

第二节
"太阳理论"——散户操作的定盘星

万物生长靠太阳,可以说有了太阳才有万物,才有了人类,没有太阳世界难以想象。

人类按照太阳升起和太阳落山而做出工作、生活的安排,故有"日出而作,日落而息"之说。

太阳的运行规律用在股市中简单形象,用它来比喻股市的运行很说明问题,除了股市的时间周期有时是不对称的,比如:

中国的大部分地区夏季6点左右日出,冬季7点左右日出;夏季18点左右日落,冬季17点左右日落。而股票的日出和日落有"短线、中线、长线"之分。

我经过数次和广大炒股者面对面交谈后,告诉投资者将股市的"春种、夏长、秋收、冬闲"与日出日落结合起来,在具体操作上如何"日出而作、日落而息",也就是"太阳出来后买股票,太阳落山后卖股票",大家都感到生动形象,很容易理解。

图5-5说明:600067冠城大通,周K线,从2009年1月23日,股

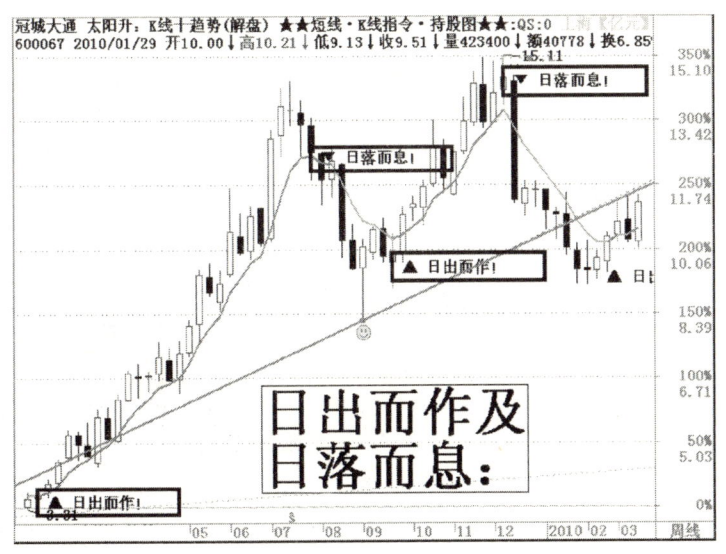

图 5-5　太阳理论图

价在 4.0 元左右标出"日出而作：买股"，经过 29 周的拉升，股价到 12.50 元，已上涨 300% 左右；当 2009 年 8 月 7 日，股价 12.50 元之后，标出"日落而息：卖股"处，明确告知广大读者，这波行情结束了。2009 年 9 月 30 日，股价在 10.00 元左右，又标出"日出而作：买股"，经过 8 周的拉升，股价升至 15.00 元，上涨 50% 左右，2009 年 12 月 25 日，股价在 15.00 元左右，又标出"日落而息：卖股"文字，经过 10 周的向下调整，股价回落到 10.00 元左右。2010 年 2 月 26 日，股价在 10.00 元左右，又标出"日出而作：买股"文字，经过 4 周的拉升，股价在 11.70 元左右，至截图日止，没有标出"日落而息：卖股"文字，这时该股仍可持股待涨。

图 5-6 说明：000533 万家乐，日 K 线，从 2010 年 3 月 7 日，股价在 9.00 元左右，标出"日出而作：买股"，经过 25 天的拉升，股价至 11.0 元左右，上涨 20%；当 2010 年 4 月 19 日，股价至 11.60 元左右，标出

"日落而息：卖股"文字，股价经过 2 天回调，在 11.00 元左右，又标出"日出而作：买股"指令，经过 9 天的拉升，股价至 12.60 元左右，又上涨 15% 左右；当 2010 年 5 月 5 日截图日止，没有标出"日落而息：卖股"文字，说明这时该股仍有上涨空间。

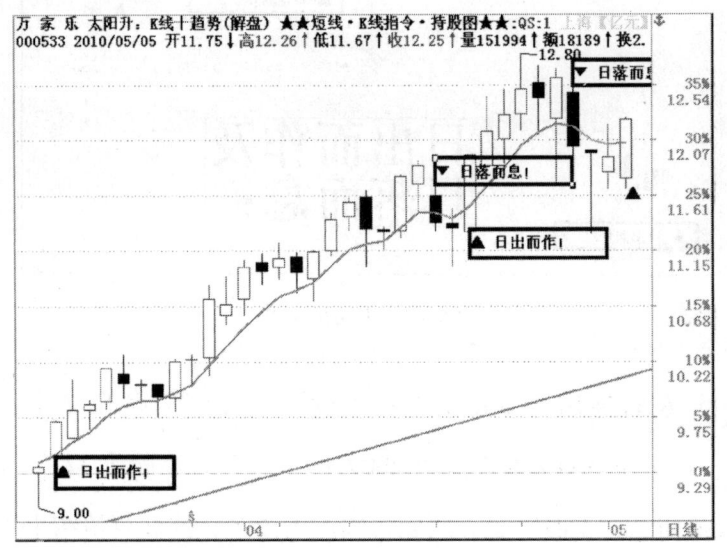

图 5-6　太阳理论图

我用这样浅简的图形与大家交流，得到大家的一致认可，不管是基本面派、还是技术面派，大家都能接受我"太阳理论"这种比喻，如果这样的操作能帮大家赚到钱，我就深感欣慰了。需要说明的是，本书中所谓的"理论"，不是大家理解的理论，而是实践操作中便于大家理解记忆的一种表达概念。

第六章
新股民必须掌握的投资知识

股市明天最重要,关键买股不被套,
重点关注趋势线,向上买进向下抛。
世上万物规律找,股市规律更重要,
掌握规律来炒股,股市赚钱能做到!

第一节

新股民要念"真经"

当您刚刚想迈入股市大门时，市场就是唯一的一把能开启股市之门的金钥匙。从此，市场就是您的良师益友，并陪伴您的股市之行。

凡炒股者，想在股市中赚到钱，请您切记下面几条：

1. 您可以在什么都不懂时，就必须要懂得股市是有规律在运行；

2. 您可以在什么都不知道时，就必须知道只有"上升趋势"才能赚钱；

3. 您可以在什么都不会看时就先学会看"市场趋势图"；

4. 您可以在什么都听不明白时，就必须"听市场的话，然后跟市场走"；

5. 股市唯一能赚钱的方法：就是永远在"上升趋势刚形成（太阳出）之后"再进场，在"下降趋势刚形成（太阳落）之后"即退场！

6. 一般投资者：一定要走在"趋势"的后面！

（1）中国股市中有千条万条，按市场规律办：是第一条，以万变应万变：是第二条；

（2）股市中只有相对论，没有绝对论；

(3) 股市没有神仙，只能自己救自己；

(4) 炒股一要"务实"，千万不能"务虚"；

(5) 要做股市的"主人"，绝不能做股市的"奴隶"；

(6) 做到相信自己的眼睛，不要相信别人的嘴巴；

(7) 任何个人、机构、主力庄家及基金，均不能对抗或违背市场规律办事，否则均会受到市场规律的惩罚。

想在股市赚大钱者，必须做到以下四条：

1. 学会放弃：在大趋势没有扭转前，要学习放弃一些没有把握的短期机会；

2. 学会寂寞：在大趋势没有扭转前，要学会空仓，忍受常人难以忍受的寂寞；

3. 学会判断：在大趋势形成的初期，要学习果断地买入市场中最有潜力的股票；

4. 学会果断：在大趋势见顶的初期，要学习毫不犹豫地卖出你的股票坚决做空。

第二节
我常用的技术指标和操作技法

一、人人都知却不一定会用的 K 线理论

K 线图是一种记录股价走势的特殊语言，每一条日 K 线相当于一个短语，描述了当天的股价变化情况；由许多条 K 线构成的图形则相当于一个

语句。精通 K 线的人会从图形上读到"看涨语句"、"看跌语句"及"不明朗语句"。在读到"看涨语句"时跟进,读到"看跌语句"及"不明朗语句"时在场外观望。这样能在跌势中保存实力,同时又能赚一点短线差价,只是 K 线图这门语言相当深奥,需下功夫去研究。

K 线由三部分组成:上影线、实体、下影线。上影线上至当期最高价,下影线下至当期最低价,当收市价高于开市价时,实体部分用红色(或白色)绘制,称为阳线,当收市价低于开市价时实体部分用绿色或黑色绘制,称为阴线。精研"K 线图"可以较准确地"预测"后市走向,也可以较明确地"判断"多空双方的力量对比,从而为投资者决策提供重要参考。

K 线是一种特殊的"市场"语言,不同的形态有不同的含义。每种周期,都"告知和下达"买、卖指令给每一位投资者,但我了解到实践中绝大部分投资者没弄懂 K 线的"市场"语言。

(一) K 线基本形态应用

从每日的 K 线图的形态上,可以作出以下大致的判断:

1. 大阳线,表示强烈涨势;
2. 大阴线,表示处于大跌态势;
3. 多空交战,先跌后涨,多头势强;
4. 多空交战,空头略占优势,但跌后获得支撑,后市可能反弹;
5. 多空交战,多头略胜一筹,但涨后遭遇压力,后市可能下跌;
6. 多空交战,先涨后跌,空头势强;
7. 后转信号,如在大涨后出现,后市可能下跌;如在大跌后出现,则后市可能反弹;

8. 反转试探，如在大跌后出现，行情可能反弹；如在大涨后出现，则应保持冷静，密切注意后市之变化；

9. 表示多头稍占上风，但欲振乏力，后市可能下跌；

10. 先上涨后下跌，空头略占上风。

另外，大十字，表示多空激烈交战，势均力敌，后市往往有所变化。小十字，表示狭幅盘整。

应该注意的是，单个K线的意义并不大，而应该与"前一天"的K线及"后一天"的K线作比较才具有意义。综合K线形态，其代表的多空力量有大小之差别；以十字线为均衡点，或代表多方力量最强（空方力量最弱），或代表空方力量最强（多方力量最弱）。

（二）K线图应用时机（K线理论的核心）

若"大阳线"出现在盘整或股价"下跌趋势"末期时，说明股价可能会开始"反转"向上；

若"大阴线"出现在盘整或股价"上涨趋势"末期时，说明股价可能会开始"反转"向下。

图6-1说明：002345潮宏基，日K线2010年3月22日出现大阳线，是买入时机，当2010年4月2日出现大阴线，是卖出时机，涨幅达20%左右。

出现极长下影线时，表示买方支撑力道强。因此若这种K线出现在股价下跌趋势末期时，再配合大成交量，表示股价可能反弹回升；若这种K线出现在股价上涨趋势末期或高位盘整期时，再配合大成交量，表示主力大户可能盘中卖，盘尾拉，应注意卖出时机。

出现极长上影线时，表示卖方压大。因此若此种K线出现在股价上涨

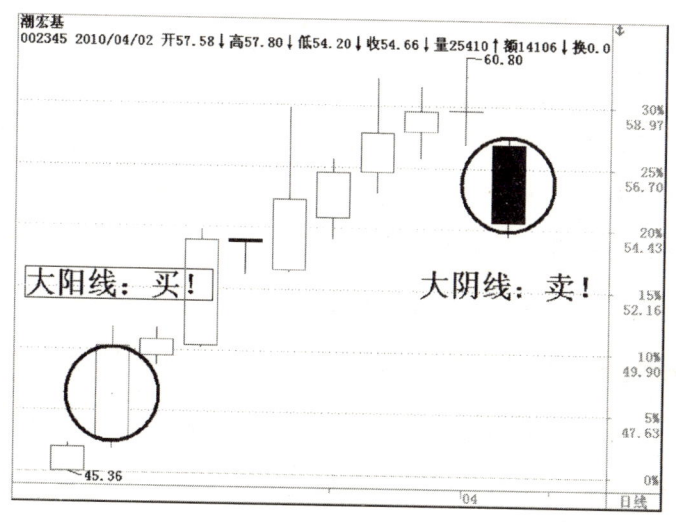

图6-1　日K线

趋势末期时，再配合大成交量，表示股价可能一时难以突破，将陷入盘整，甚至回跌。

十字星可视为反转信号，若此种K线出现在股价高位时，且次日收盘价低于当日收盘价，表示卖方力道较强，股价可能回跌；若此种K线出现在股价低位时，且当日收盘价高于前一日开盘价，表示买方力道较强，股价可能上扬。

（三）K线应用时的注意事项

因为K线图仅就股票价格观察，所以应用时，应配合成交量观察买方与卖方强弱状况，找出股价支撑与压力区。

每日开盘与收盘价易受主力大户影响，因此也可参考周K线图，以每周初开盘，每周末收盘，每周最高价，每周最低价判断。因为主力、大户较难全盘"影响"一周走势。

(四) K线大法总结

谈到K线,内容很丰富,很多投资者包括实践者、理论研究者能用千言万语来表述K线,但不少人又说不清楚,所以我用最简单的语言加以总结,目的是让初学者一目了然好记易懂。

一看阴阳:让初学者们知道阳线表述股价上涨,阴线表述股价下跌;

二看长短:让初学者知道,长阳线表述股价大涨,长阴线表示股价大跌;

三看星:让初学者知道,十字星分:长十字星、短十字星、阳十字星、阴十字星,表示当日、当周或当月股价的收盘价和开盘价基本平衡既没有大涨,又没有大跌;

四看组合:因为一根K线判势容易失误,故看两根或三根K线组合后的形态是什么样的组合,有两根K线组合,如前一根是大阳线,后一根是小阴或是小阳,在相对底部出现,可能是相对低点的启动信号,考虑可以买股票。反之在相对高位,一根大阳线后加一根小阳,说明在相对高位,顶部将来临,考虑可以减仓或空仓;

五看均线:当均线系统成多头排列时,K线出现大阳线,说明相对底部来到,可以买股票;反之均线系统空头排列时,出现大阴线说明相对顶部来到,可以卖股票;

六看箱体:当K线三天站都在箱底线之上可买进,当三天都站在箱顶线之下可卖出。

图6-2说明:002350北京科锐日K线,2010年6月2日,股价在22.00元左右,箱底线形成。股价运行了6个交易日,在2010年6月8日,股价在27.00元左右,箱顶线形成。随后股价三天未创前期新高,就确定箱顶线有效(反之,确定箱底线有效)。

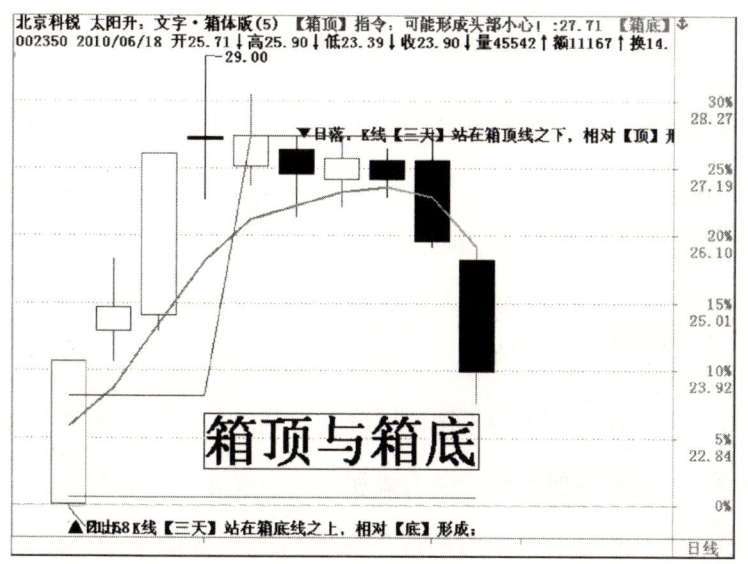

图6-2 箱顶与箱底

（五）用单根K线判断大盘走势

单根K线幅度在3%以上才有实用价值，低于3%可忽略。

5%以上往往是中级行情的开始，前两天站稳10日均线之上，第三天买进成功率是80%。

（六）对K线的涨跌大概分为

小阴小阳线波动范围在0.6%~1.5%；

中阴中阳线波动范围在1.6%~3.5%；

大阴大阳线波动范围在3.6%以上。

以上对K线理论的汇总，其中有一条对你有用，就用一条，一条都没有用，请按你自己的办法去操作。

二、人人都懂却常用错的"均线理论"

均线是最常用的分析指标之一,所反映的是过去一段时间内市场的平均成本变化情况。均线和多根均线形成的均线系统可以为判断市场趋势提供依据,同时也能起到支撑和阻力的作用。

(一) 均线的构成

均线,按照计算方式的不同,可分为普通均线、指数均线、平滑均线和加权均线。这里主要介绍普通均线和指数均线。

普通均线:对过去某个时间段的收盘价进行普通平均。比如20日均线,是将过去20个交易日的收盘价相加然后除以20,就得到一个值;再以昨日向前倒推20个交易日,同样的方法计算出另外一个值,以此类推,将这些值连接起来,就形成一个普通均线。

指数均线:形成方式和普通均线完全一致,但在计算均线值的时候,计算方式不一样。比如20日均线,指数均线则采取指数加权平均的方法,越接近当天,所占的比重更大,而不是像普通均线中那样平均分配比重。所以指数均线大多数情况下能够更快地反映出最新的变化。

二者的优劣:没有绝对的优劣,在不同的运行阶段,二者可以体现出不同的效果,选取时的经验成分相对更大。个人更习惯于使用指数均线,用多根指数均线的结合来辅助判断市场趋势。

(二) 均线系统的设置

如果将多根有规律的均线排列在一起,这时就可以形成一个对分析更有帮助的均线系统。

一般来说,在用均线系统进行分析时,常见的参数排列方式为:

A. 5、10、20、30、40、50（等跨度排列方式）

B. 5、8、13、21、34、55（费波纳奇排列方式）

一般在这两种排列方式的基础上,增加125、200和250三个参数的均线。

(三) 利用均线系统排列状态判断市场节奏

均线系统的排列状态,一般可分为汇聚、发散、平行三种状态。其中汇聚状态表明市场经历过一段单边走势后出现的对原有动能消化或积蓄新运行动能的过程,汇聚的时间越长,产生的动能越大;发散状态则是汇聚之后产生的爆发动能的前奏;平行状态则表明市场运行动能已经单方向爆发,引发了新的单边运行趋势。

在单边市运行节奏当中,这三种状态的循环为:汇聚-〉发散-〉平行-〉汇聚

而在盘整市中,则体现为汇聚-〉发散-〉汇聚的循环,直到突破的发生。

均线的金叉和死叉信号都能提供中线或者短线的交易机会与持仓信号。

(四) 移动平均线的"买一招"

多种普通均线交向上叉时,就是"买一招"的开始。

1. 股价曲线由下向上突破5日、10日移动平均线,且5日均线上穿10日均线形成"黄金"交叉,显现多方力量增强,已有效突破空方的压力线,后市上涨的可能性很大,是"买一招"时机。

2. 股价曲线由下向上突破5日、10日、30日移动平均线，且三条移动平均线呈多头排列，说明多方力量强盛，后市上涨已成定局，此时是极佳的"买一招"时机。

3. 在强势股的上升行情中，股价出现盘整，5日移动平均线与10日移动平均线纠缠在一起，当股价突破盘整区，5日、10日、30日移动平均线再次呈多头排列时为"买一招"时机。

4. 在多头市场中，股价跌破10日移动平均线而未跌破30日移动平均线，且30日移动平均线仍向右上方挺进，说明股价下跌是技术性回档，跌幅不致太大，此时也为"买一招"时机。

5. 在空头市场中，股价经过长期下跌，股价在5日、10日、移动平均线以下运行，恐慌性抛盘不断涌出，导致股价大幅下跌，乖离率增大，此时为抢反弹的绝佳时机，又是"买一招"时机。

图6-3说明：002322理工监测日K线在2010年2月下旬，普通均线

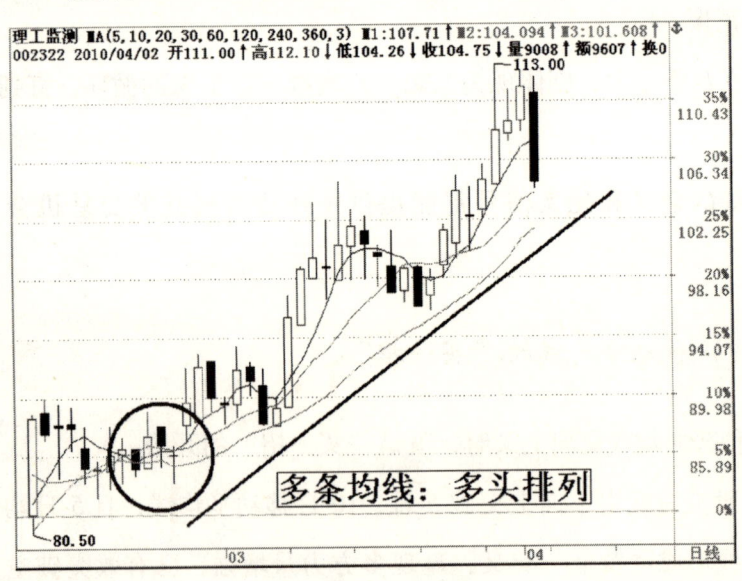

图6-3　多种均线向上交叉

形成多头排列，股价在85.00元左右，然后股价一路震荡向上，至2010年4月2日止，股价已上涨至110.00元，涨幅已达30%左右，之后股价向下调整。

（五）"移动平均线"的"卖一招"

多种均线向下交叉时，就是"卖一招"的开始。

1. 在上升行情中。股价由上向下跌破5日、10日移动平均线，且5日均线下穿10日均线形成死亡交叉，30日移动平均线上升趋势有走平迹象，说明空方占有优势，已经突破多方两道防线，此时应是"卖一招"时机，应抛持有的股票，离场观望。

图6-4说明：600519贵州茅台日K线在2010年2月22日多种普通均线向下交叉时，股价在173.00元左右，然后该股股价便一路震荡向下，至2010年4月2日止，股价已下跌至151.60元，跌幅已达15%左右，仍没有止跌迹象。

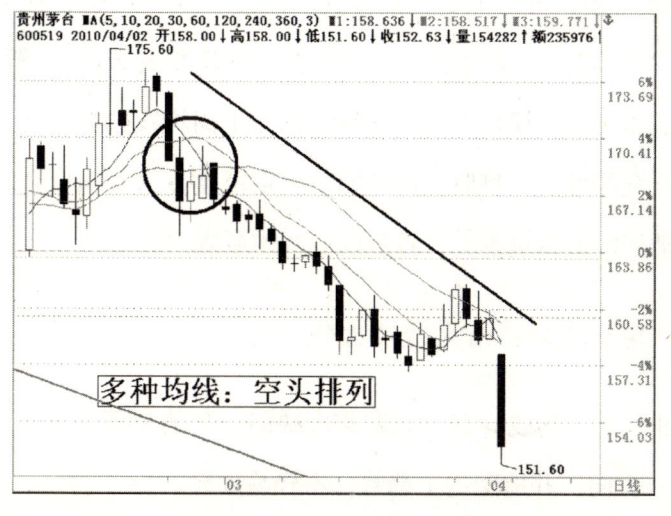

图6-4 多种均线向下交叉

2. 股价在暴跌之后反弹，无力突破 10 日移动平均线的压力，说明股价将继续下跌，此时为"卖一招"时机。

3. 股价先后跌破 5 日、10 日、30 日移动平均线，且 30 日移动平均线有向右下方移动的趋势，表示后市的跌幅将会很深，应迅速"卖一招"，抛持有的股票，离场观望。

4. 股价经过长时间盘整后，5 日、10 日移动平均线开始向下，说明空方力量增强，后市将会下跌，应抛持股票，离场观望。

5. 当 60 日移动平均线由上升趋势转为平缓或向下方转折，预示后市将会有一段"中级下跌"行情，此时应抛持股票，离场观望。

移动平均线的目的主要是用来判定股票的"走势及趋势"。股价的运动常常具有"跳动"形式，平均线把这种跳动形成较为平坦的曲线。计算平均线的方法有多种，最常用的是取收市价作为计算平均值的参考。比如你要计算 10 天的平均值，把过去 10 天的收市价格加起来除以 10，便得到这 10 天的平均值。每过一天，分子式加上新一天的股票收市价，再减去第 11 天的收市价，分母不变，便得到"最新"的平均值，把平均值连起来便称为"平均线"。平均线的形状取决于所选择的天数。天数越多，平均线的转折越平缓。现在各种投资软件都有不同均线选择方法，你只需按自己要求设置即可。一只股票的升幅，一定程度上由介入资金量的大小决定，庄家动用的资金量越大，日后的升幅越可观。

（六）均线应用：看大势赚大钱

首先我认为，均线具有"跟踪与反映趋势"的特征。它能够表示价格的"趋势"方向，并追随这个趋势，不轻易放弃。

把紧跟大势、决不逆势操作，作为自己的股市"买、卖"准则。如果你紧跟大势,你就不会错过"任何赚钱"的机会。你会发现,当你选择暂时不入市,学会空仓,等待明确的"市场指令"和真正的"买一招"机会的来到时,如果你能耐心等待,总有一天,"买一招"机会一定会到来,你将必有所得。

图 6-5 说明:沪市大盘,周 K 线,从 2009 年 1 月 16 日,股指在 1814 点左右至 2009 年 8 月 4 日,股指在 3478 点左右,在这段"上升期间"按图操作,沪市大盘已有 85% 左右的涨幅,顺势操作,不可能不赚钱。

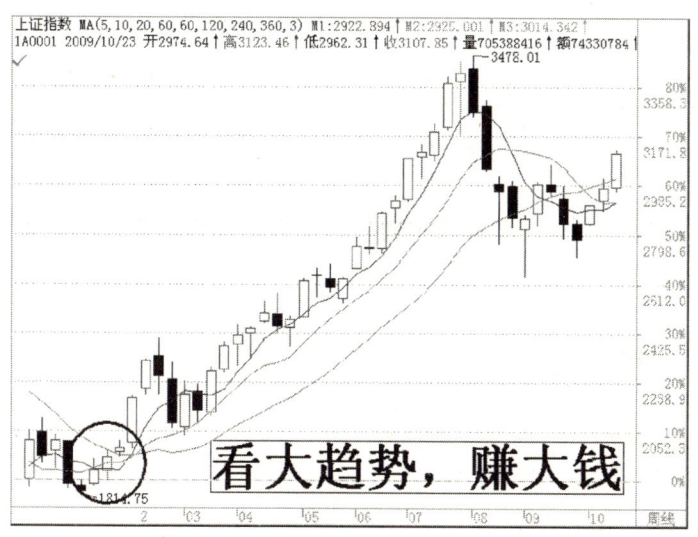

图 6-5 上升期间看大趋势

反之,如果说当大盘趋势向下,空仓你就不会赔钱,不赔钱其实也就是赚钱。

图 6-6 说明:沪市大盘日 K 线,从 2010 年 4 月 16 日,股指在 3181 点左右至 2010 年 6 月 18 日,股指在 2500 点左右,在这段时间中,沪市大盘已有 20% 左右的跌幅。

我们就以 2008 年 11 月上旬的大涨和 2009 年 8 月上旬这次大跌来分析沪

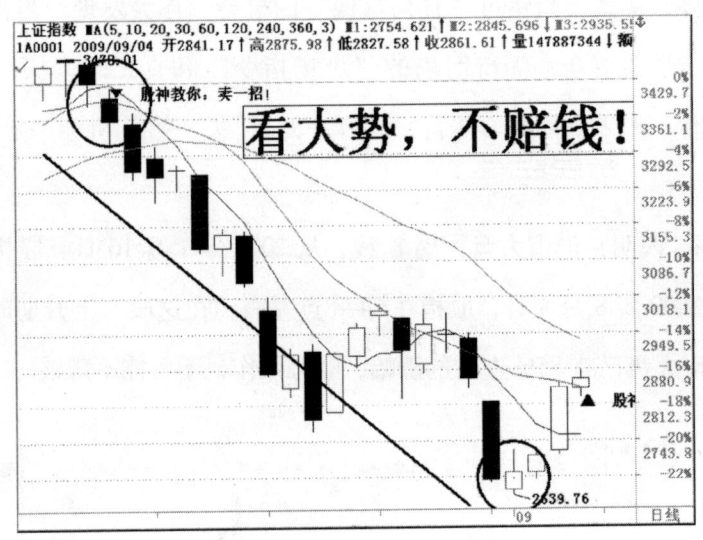

图6-6 下降期间看大趋势

市行情"大趋势",只有那些看对大的"趋势"并且按照这种"趋势"操作的投资者,才有望获得真正的最大利润。换言之,在上涨过程中耐心持有,可使利润获取最大化;而在下跌中,轻仓甚至空仓则是最好的风险回避。因此在一轮"大牛市"中,准确判断"向上趋势"至关重要。同样,在一轮"大熊市"中,准确判断"向下趋势"同样至关重要。而在日常的各类技术指标当中,假如你对技术指标研究得不透,会认为它们的周期太短,时常会接受"错误"的信号,而且有时不同的技术指标甚至发出相反的信号,所以仍选择正确的技术指标"均线"做为看盘指标十分重要。

一般而言,由于日线时间太短,且一般的操盘资金,可在一定时期内操纵股价走势,偶尔会出现"骗线",误导投资者。但就中长期来看,大的趋势是一般资金难以控制的。所以在判断趋势的时候,对于均线指标的运用,中线应以"周线"为准,长线应以"月线"为准。有的个股走势在"日线"难以判断的时候,用"周线和月线"衡量一下,则一目了然。

这样对于个股在盘整中的"骗线"就很容易识破，将风险最小化。当然，在熊市中利用周线或者月线，也就不会被短期的反弹所迷惑，可以较好地防范风险。

当然，用周线或者月线判断趋势有优势也有不足，那就是对于强势个股在卖出的时候，往往不可能卖到最高，而在参与个股的时候，又不可能买到最低价。这也就是大家通常所说：鱼头鱼尾可舍，只吃"鱼身"即可。如果你能做到以上几点，你就可以基本把握一轮大行情的主流机会，并且能够比较好地回避较大风险，保住胜利果实。从长期的实战来看，在一轮牛熊交替的周期中，这种方法可以减少操作频率，降低操作风险，获得最大的投资收益。

大家看一看，还以2008年11月上旬的大涨和2009年8月上旬的大跌来分析沪市行情的大趋势，上证指数的周线图、月线图、季线图和年线图等就可以理解什么叫"大势及趋势"了（这里不包括基本面和政策面、业绩好坏、市盈率高低等各种因素）。那些敢于"抢反弹与抄底"的炒股者，如果没有铁的股市游戏规则作为买、卖准则，只会被股市消灭掉。

总之，"大趋势：买一招、卖一招"两个概念，是变盘的前奏。而我们要做的是等待均线的发散，这时"趋势"方向已大致明确，但也会有假信号，因为从图形上来说它本身也是一个矩形横盘的突破方式，我们要正确看待。

三、简单易懂的 MACD 趋势理论

MACD称为指数平滑异同移动平均线，是从双移动平均线发展而来的，当MACD从负数转向正数，是买的信号；当MACD从正数转向负数，是卖的信号。当MACD以大角度变化，表示快的移动平均线和慢的移动平均线的差距非常迅速地拉开，代表了一个市场大趋势的转变。

（一）MACD 传统指标

长期观察，笔者发现 MACD 有一定的先知先觉作用。（除 SAR 指标外，其余指标都是在当日、当周、当月收盘后才成定局）。

从它的形态可看出大盘或个股的当日、当周、当月的走势基本成定局，除非在当日振荡特大，能改其形态，形成反转，一般情况下较为稳定。在笔者创造发明的"一招定乾坤"图中，MACD 起了一个决定性作用，它的"六大功能"如下：

1. MACD 能判断一天、一周、一月的走势；

2. MACD 能判断大盘及个股的一波行情开始后，主力和庄家洗盘、打压的情况；

3. MACD 能判断一波下跌行情开始大盘及个股主力、庄家给投资者第二次、第三次出货的机会；（提示：当一波下跌行情刚开始时，如股指出现回调，就是给投资者第二次出货的机会，希望投资者千万不要抱着侥幸的心理，否则会贻误战机，后悔莫及，白白赔了时间又赔钱）。

4. 当 KDJ 指标中 J 值发生钝化时，投资者看 MACD 的变化，只要 MACD 当时、当日、当周、当月红柱继续比前一日、一周、一月放长，投资者即可大胆放心持股，一旦 J 值钝化几时、几日、几周后开始回落，投资者就可考虑出场或减仓；

5. MACD 第一次在 O 轴线之下金叉，股指、股价有一定的涨幅。第二次在 O 轴线之上交金叉，股指、股价涨幅会比前一次更大；

6. 每一次行情始末与 MACD 指标均有相辅相成的关系，最主要的一点是：当日 K 值 DIFF 日 K 线向下弯头是短线见顶信号。看下周周 K 线 DIFF，只要周 K 线 DIFF 不向下弯头，即大胆持股。周 K 线 DIFF 线向下弯头，说明是中线见顶信号。再看月 K 线 DIFF，只要月 K 线 DIFF 不向下弯头，即耐心持股。月 K 线 DIFF 向下弯头说明是长线见顶信号。这时投资者就应当彻底清仓，离场换股。以上各种情况均与 MACD 红柱长短关系不大。

（二）利用 DIF 与 MACD 配合研判行情

1. DIFF 向上交叉 MACD 为买点；

2. DIFF 向下交叉 MACD 为卖点；

图 6-7 说明：600058 五矿发展日 K 线，在 2009 年 10 月 13 日 MACD 产生金叉，当时股价在 17.50 元左右，在 2009 年 11 月 25 日 MACD 产生死叉，当时股价在 20.50 元左右，股价已有 15% 的涨幅。

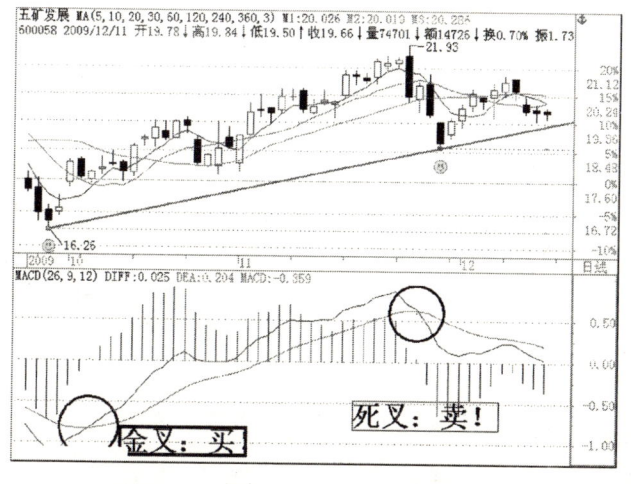

图 6-7 DIF 向上、向下交叉

3. DIF 从高位二次向下交叉 MACD 时，股价下跌幅度会较深；

4. DIF 从低位二次向上交叉 MACD 时则股价上涨幅度会较大；

5. 一旦股价的高点比前一次的高点高，而 MACD 指标的高点却比前一次的高点低时表示指标怀疑股价的上涨是外强中干，称为牛背离，暗示股价很快会反转下跌；

6. 一旦股价的低点比前一次的低点低，而 MACD 指标的低点却比指标前一次的低点高，则表示指标认为股价不会再持续下跌，称为熊背离，暗示股价会反转向上涨。

以上是我对 MACD 新的发现、应用、判研。但请投资者千万不要按书本中的教条死搬硬套，一定要将我所说的融会贯通之后灵活运用。根据以上所说，投资者就不难判断大盘及个股的走势及以后的趋势，对于"牛市"何时能到来，"熊市"何时会出现，基本上可以做到心中有数，就能"先人"一步，跑赢大市。

以上方法简称为："看季、观月、定周、择日法" = 高氏规律买卖法。

（三）DIFF、MACD：操盘绝技：

1. 短线：日线 DIFF 白线向下拐头，看周线（空仓操作）；
2. 中线：周线 DIFF 白线向下拐头，看周线（空仓操作）；
3. 长线：月线 DIFF 白线向下拐头，看季线（空仓操作）；
4. 超短线：MACD 红柱线比前一日 60 分时缩短，可减仓操作；
5. 短线：MACD 红柱线比前一交易日缩短，可减仓操作；
6. 中线：MACD 红柱线比前一交易周缩短，可减仓操作；
7. 长线：MACD 红柱线比前一交易日缩短，可减仓操作。

（四）请大家特别注意以下四点

1. MACD 绿柱线时，在 0 轴线以下不要进场；
2. 没有周 K 线配合不要进场；
3. 当 5 日与 10 日平均线在 30 日平均线下方发生金叉时不要进场；

4. 凡除权（10 送 5 以上）股票，除权前已"放量"的，除权后不进场。

以上四种情况出现时，如想进场请根据分时图进场，而且要快进快出，否则风险较大，获利不大。请股民朋友牢记：绝大部分股票是随大盘而上，也随大盘而下，只有少数是逆势而行。

四、快进快出的 KDJ 随机理论

KDJ 数值 20 之上金叉买，KDJ 数值 90 之下死叉卖。（KDJ 随机理论的核心）

（一）KDJ 传统指标：

请股民朋友牢记以下七点：

1. K 值在 20 左右水平，从 D 值左方向上交叉 D 值时为短期买进信号；

2. K 值在 80 左右水平，从 D 值右方向下交叉 D 值时为短期卖出信号；

3. K 值形成一底比一底高的现象，并在 50 以下水平，由下往上连续两次交叉 D 值时，股价涨幅会较大；

4. K 值形成一顶比一顶低的现象，并在 50 以上的高水平，由上往下连续两次交叉 D 值时，股价跌幅较大；

5. K 值高于 80 超买区时，短期股价容易向下回档；

6. K 值低于 20 超卖区时，短期股价容易向上反弹；

7. J 值 >100 时，股价会形成头部。J 值 <0 时，股价会形成底部。

（二）KDJ 操盘绝技

1. 日 KDJ 死叉：短线出局；

2. 周 KDJ 高位死叉：中线出局；

3. 月 KDJ 高位死叉：中长线出局；

4. 大盘月 KDJ 向下，周 KDJ 向下：空仓休息，这也是一门高超的炒股技术。

因此，我的做法是："庄拉升我进，庄未退我退，与庄共舞，享坐轿之乐、免被套之苦。"

图6-8：600080 ST 金花，日 K 线，在 2009 年 10 月 13 日 KDJ 发出"金叉买"信号，当时股价在 4.00 元左右，在 2009 年 11 月 27 日 KDJ 发出"死叉卖"信号，股价在 6.00 元左右，已有 50% 的涨幅。

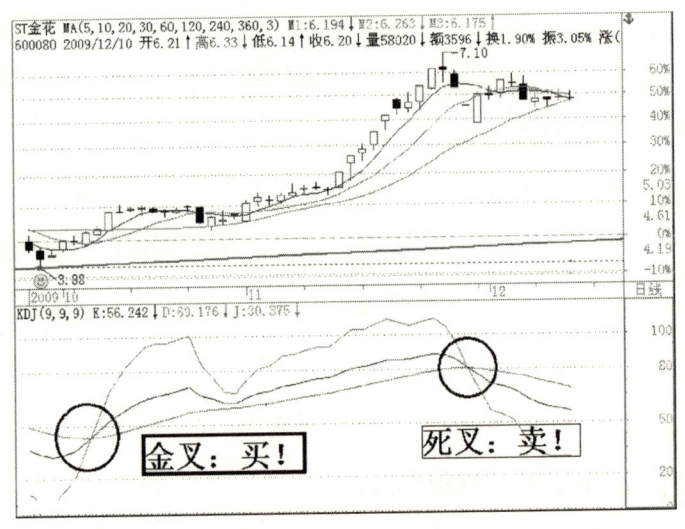

图6-8 KDJ 金叉、死叉

五、最重要的量能理论

连续三天买量大于卖量：买进（量能理论的核心）

（一）有关成交量的详细论述

量之重要，其一在"势"也。高位之量大，有下落之能；低位之量大，有上涨之可能。

1. 如何观察成交量

股市中有句老话："技术指标千变万化，成交量才是实打实的买卖变化。"可以说，成交量的大小，直接表明了市场上多空双方对市场某一时刻的技术形态最终的认同程度。下面，笔者就两种比较典型的情况作一些分析。

第一，温和放量。这是指一只个股的成交量在前期持续低迷之后，突然出现一个类似山形一样的连续温和放量形态。这种放量形态，称作"量堆"。个股出现底部的"量堆"现象，一般就可以证明有实力资金在介入。但这并不意味着投资者就可以马上介入，一般个股在底部出现温和放量之后，股价会随量上升，量缩时股价会适量调整。此类调整没有固定的时间模式，少则十几天多则几个月，所以一定要分批逢低买入，并在支持买进的理由没有被证明是错误的时候，有足够的耐心来等待。需要注意的是，当股价温和放量上扬之后，其调整幅度不宜低于放量前期的低点，因为调整如果低过了主力建仓的成本区，至少说明市场的抛压还很大，后市调整的可能性较大。

第二，突放巨量。对此种走势的研判，应该分作几种不同的情况来对待。一般来说，上涨过程中放巨量通常表明多方的力量使用殆尽，后市继续上涨将很困难。而下跌过程中的巨量一般多为空方力量的最后一次集中释放，后市继续深跌的可能性很小，短线的反弹可能就在眼前了。另一种情况是逆势放量，在市场一片喊空声之时放量上攻，造成了十分醒目的效果。这类个股往往只有一两天的行情，随后反而加速下跌，使许多在放量上攻那天跟进的投资者被套牢。

(二) 成交量的几种形态

因为市场就是各方力量相互作用的结果。虽然说成交量比较容易做假（主力对倒），控盘主力常常利用广大散户对技术分析的一知半解而在各种指标上做文章，但是成交量仍是最客观的要素之一。

市场分歧促成成交：所谓成交，当然是有买有卖才会达成，必然是一部分人看空后市，另外一部分人看多后市，造成巨大的分歧，又各取所需，才会成交。

1. 缩量：缩量是指市场成交极为清淡，大部分人对市场后期走势十分认同，意见一致。这里面又分两种情况：

(1) 是市场人士都看淡后市，造成只有人卖，却没有人买，所以急剧缩量；

(2) 是市场人士都对后市看好，只有人买，却没有人卖，所以又急剧缩量。缩量一般发生在趋势的中期，碰到这种情况，就应坚决出局，等量缩到一定程度，开始放量上攻时再买入。同样，上涨缩量，碰到这种情况，就应坚决买进，坐等获利，等股价上冲乏力，有巨量放出的时候再卖出。

2. 放量：放量一般发生在市场趋势发生转折点处，市场各方力量对后市分歧逐渐加大，在一部分人坚决看空后市时，另一部分人却对后市坚决看好，一些人纷纷把家底甩出，另一部分人却在大手笔吸纳。放量相对于缩量来说，有很大的虚假成分，控盘主力利用手中的筹码大手笔对敲放出天量，是非常简单的事。只要分析透了主力的用意，也就可以将计就计。

3. 堆量：当主力意欲拉升时，常把成交量做得非常漂亮，几日或几周以来，成交量缓慢放大，股价慢慢推高，成交量在近期的K线图上，形成了一个状似土堆的形态，堆得越漂亮，就越可能产生大行情。相反，在高位的堆量表明主力已不想玩了，在大举出货。

4. 量不规则性放大缩小：这种情况一般是没有突发利好或大盘基本稳定的前提下，妖庄所为，风平浪静时突然放出历史巨量，随后又没了后音，一般是实力不强的庄家在吸引市场关注，以便出货。

大多数人都有一个错误的看法：股票成交量越大，价格就越涨。要知道，对于任何一个买入者，必然有一个相对应的卖出者，无论在任何价格，都是如此。在一个价格区域，如果成交量出乎意料地放大，只能说明在这个区域人们有非常大的分歧，比如50个人看涨，50个人看跌；如果成交量非常清淡，则说明有分歧的人很少或者人们对该股票毫不关心，比如5个人看涨，5个人看跌，90个人无动于衷或在观望。

可以从成交量变化分析某股票对市场的吸引程度。成交量越大，说明越有吸引力，以后的价格波动幅度可能会越大。

可以从成交量变化分析某股票的价格压力和支撑区域。在一个价格区域，如果成交量很大，说明该区域有很大的压力或支撑，趋势将在这里产生停顿或反转。

可以观察价格走出成交密集区域的方向。当价格走出成交密集区，说明多空分歧得到了暂时的统一，如果是向上走，那价格倾向于上升；若向下走，则价格倾向于下跌。

可以观察成交量在不同价格区域的相对值大小，来判断趋势的健康性或持续性。随着某股票价格的上升，成交量应呈现阶梯性减弱，一般来说，股票相应的价格越高，感兴趣或敢于参与的人就相应越少。不过这一点，从成交额的角度来看，会更加简单扼要。

仅仅根据成交量，并不能判断价格趋势的变化，至少还要有价格来确认。成交量是价格变化的一个重要因素之一，也是一个可能引起本质变动的因素，但是在大多数时候，只起到催化剂的作用。

市场上有这样一种认识，认为个股或股指的上涨，必须要有量能的配合，如果是价升量增，则表示上涨动能充足，预示个股或股指将继续上涨；反之，如果缩量上涨，则视为无量空涨，量价配合不理想，预示个股或股指不会有较大的上升空间或难以持续上行。

个股或大盘在大幅放量之后缩量阴跌，显然是坏事，它预示着一轮跌势的展开。

许多投资者对于成交量变化的规律认识不清，要知道K线分析只有与成交量的分析相结合，才能真正地读懂市场的语言，洞悉股价变化的奥妙。成交量是价格变化的原动力，其在实战技术分析中的地位不言自明。

成交量红色柱状表示：主力当日不断以二位数、三位数连续买进，或以一位数卖出，收盘时表示当日买气大于卖气（出货少，进货多），当日收盘价一般高于昨日收盘价。成交量绿色柱状表示：主力当日不断以三位数、四位数连续卖出，或以一位数、二位数买进，收盘时表示当日卖气大于买气（出货多，进货少），当日收盘价一般"低于"昨日收盘价。

这里要说明的是：股价"上涨"一定要有量配合，股价"下跌"不要量的配合。以下四条，请大家牢记。

1. 上升趋势形成后，相对头部放量表示：以后股价、股指要"震荡上行"；

2. 下降趋势形成后，相对头部放量表示：以后股价、股指要"震荡下行"；

3. 无量"涨停"不是顶部，无量"跌停"不是底部；

4. 当日放近期巨量,第二天股价反转。反转向下,较少见;反转向上,较多见。

图6-9说明:深市大盘,日K线,在2010年2月下旬,成交量递增,股指上涨;在2010年3月下旬至4月上旬,成交量又递增,股指又上涨。

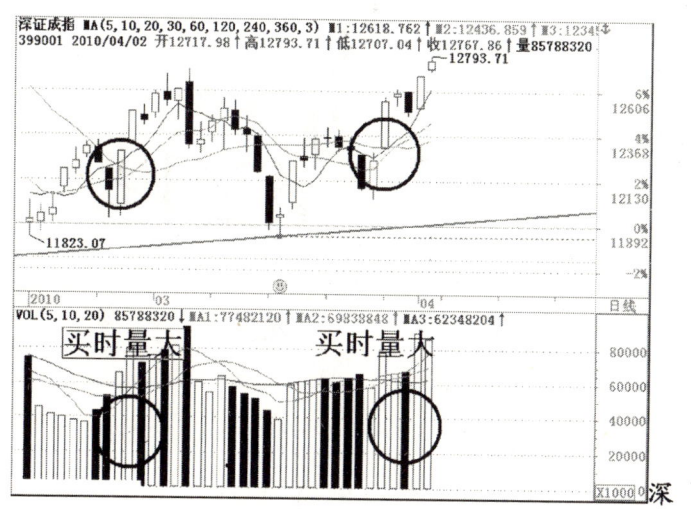

图6-9 买时量大卖时小

"量能理论"核心是:

买时量大卖时小,一买一卖见分晓;

下达买进要满仓,下达卖出要逃跑!

六、牛市操作要诀

牛市投资的技巧是,坚决看多并做多才能赚大钱。(牛市理论的核心)投资者在牛市中应注意的操作要领大致有以下几点:

1. 果断操作。购股坚决,选中即购,不可犹豫不决,此所谓机会就是利润,不可轻失。在消息面较为明朗,理性分析已经明确了投资方向和投资品种时,应立即购买。因为,在实行涨停板制度的牛市情况下,稍微的犹豫不决将会错过几个涨浪，而当再行购买时，利润率的余地就已经所剩无几。

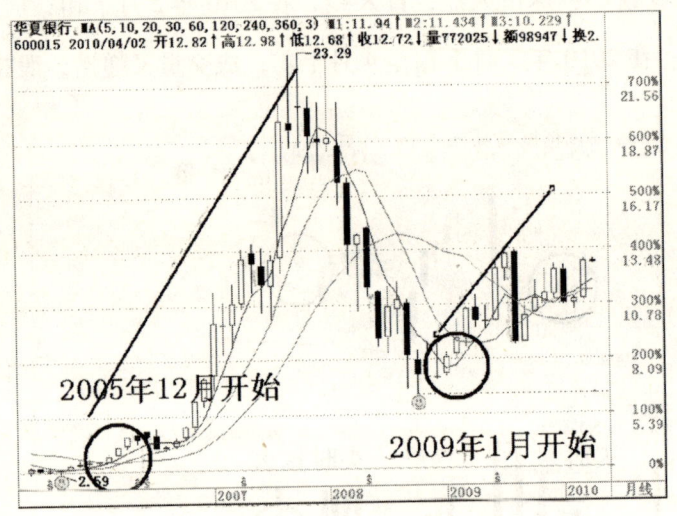

图6-10　牛市图

图6-10说明：华夏银行2005年12月份股价进入牛市行情，股价从3.00元左右，经过25个月的上涨，站稳在21.00元之上，涨幅已超过700%左右；又经过2009年1月份的牛市行情，股价站稳在7.00元之上，经过16个月的上涨，至2010年4月2日截图日止，股价站稳在13.00元之上，又上涨90%左右。

2. 冷静操作。持股坚定，不唯小道和谣言，牛市持股莫悔。在股票市场上，不论是牛市还是熊市，都会有漩涡，投资者必须辨别什么是陷阱，什么是机会。一般股民常被谣言所吓住，或见风即逃，错失了牛市的获利机会。在牛市里，难免有庄家操盘，一些机构为了使大盘能够上涨，在牛市发展到一段时期之后，会采取震仓手法，将一些持股意志不坚定的散客股民恐吓出市。在这种时候，投资者首先要明确庄家的意图，在确定了大盘的牛市走势时，应坚定信心，不为主力手段和谣言所动，跟定牛市的走势，决不轻易出仓减仓，这是牛市获利的关键。

3. 集中操作。由于牛市总的行情是上涨趋势，市场利好，收益的概率相对较大。因此，要把资金相对地集中起来进行操作。应遵循利益最大化原则，将资金主力投向成长性较好的个股并且集中投资，有些股种的特征是"牛市牛涨，熊市熊跌"，（通常是指那些股价不高，盘子较小的二线股）那么在牛市来临时，不妨逢低购入这些股种建仓。这是风险分散理论在实际行情下的特定运用，不可死守教条，当然也要以股种的选择策略较为正确为前提。

4. 分期操作。牛久必熊，熊久必牛。初入牛市之时，行情看涨，投资者应尽量满仓。牛市持续一段时日之后，如果没有利空消息出台，将进入中期阶段，满仓者应及时调整股种，将资金投向短期移动平均线向上移动且穿过长期移动平均线的个股，而且短期线的斜率越大越是应该选择的对象。一般来说，在牛市中只要在所谓"黄金交叉点"处购入个股，其利也稳，其益也丰。牛市发展了一段时日，行情一般将会出现转向，投资者应在预期收益率和实际收益率之间进行比较，结合行情利空和利好的实际状况，适当分批分期减仓，首先要减那些利润率已很高，上冲余地不大的个股，同时选择一些业绩稳健的绩优股，以回避风险。

七、熊市投资纪律

熊市投资的技巧，坚决看空并做空。

所谓熊市，是指行情看跌，股价低迷，指数下挫，卖者较多的市场状况。熊市的操作根据老股民的经验应是将平时的选股指标反过来分析。当然，即使有了一定的分析，实际选择可以出仓的股票往往要比选择建仓的股票更为困难。因为，你选择购买它时，要经过认真考虑，而现在却要将它否定，当然难。但是，如果一旦熊市大势已定，再曾经看好的股票也要重新考虑。因此，在熊市里，确定一条理念就是："卖一招"为主，伺机而调整。在这样的理念下，还要注意以下的操作要领：

1. 适当的休息和等待。在熊市里不要将大量的精力花在行情的关注上，而要将眼光更多盯住政策、行业、企业等市场背后的因素发展动向，为下轮的行情作准备，应增加研究趋势和市场。

图6-11说明：000020深华发A，2001年10月中旬进入熊市行情，股价在18.00元左右，经过66个月的下跌，股价站在1.80元之上，跌幅已达90%左右。在熊市行情中，唯一不赔钱的方法是离开股市空仓休息，等待下一次行情来到。

图6-11 熊市图

2. 根据市场热点的变化适时地调整股种，转移投资，增加选择绩优品数，剔除投机品种。总之，初期进行试探性地出仓；中期出仓坚决，不恋市不捂股；后期进仓果断，看准时机，赚取短期利益。但是，在大势未明之前，一般不宜贪利恋市，以持币旁观最为上策。

3. 分期操作。熊市的初期，由于很多信息尚未明朗，一般应取试探性调整的办法。即对一些持有量较大、价位尚在波动的股票逐步减磅出货。出货后如判断价格还会上升，不妨逢低适量吸纳。但对于一些价高利大的股种应坚决出仓，那时它们将会顺势狂跌。果断出仓可以避免暴跌的重创。熊市中期，一般的劣绩股都会原形毕露，这时，如果仓中还有这类股票，应果断地将其出清，调换那些下跌幅度较小、抗跌风险能力较强的股票。之所以这样操作，主要考虑到未来波浪的启动将是由这些股票来带动的。熊市的谷底应考虑购进，一般果断地在熊市末期进仓的投资者往往是最大的赢家。

掌握"熊市理论"口诀：

发现熊市快快走，学会空仓是高手；

等到牛市再进场，下达卖出要空手！

八、看阶段趋势定战术

首先，应注意循环阶段的位置：

1. 只要目前该股处于上涨阶段的初中期，则无论其即时走势中该股盘中如何波动，庄家如何玩弄花招，最终还是为了上涨。故所有卖出战术都是错误的。

图6-12说明：600028中国石化，日K线，主力在2010年2月上旬，2010年3月上旬，都是先小涨3~4天随即就洗2~3天盘，主力洗盘的目的，还是为了日后上涨做准备，随后开始拉升了。股价从10元左右拉升至2010年4月2日截图日止，已在12.00元左右，涨幅达20%左右，仍有上涨空间。

2. 只要目前该股处于下跌阶段的初、中期，则无论其即时走势该股盘

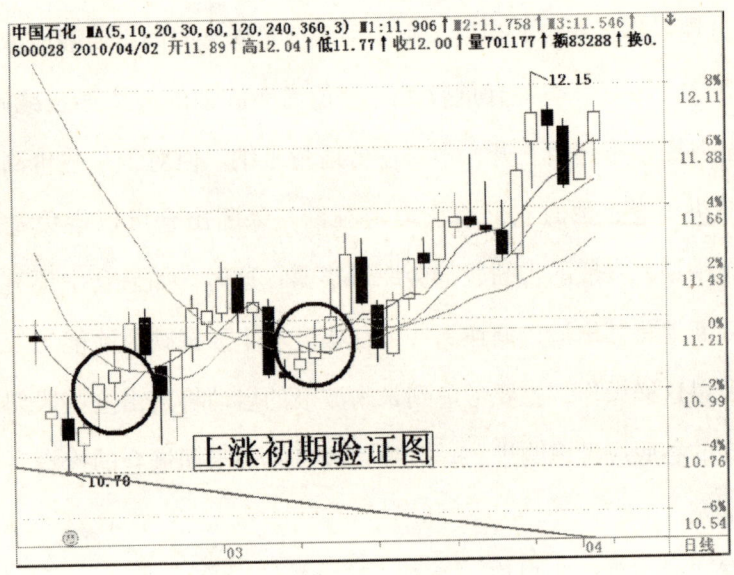

图 6-12　上涨阶段初期

中如何波动，庄家如何玩弄花招，最终还是为了下跌。故所有买进战术都是错误的。

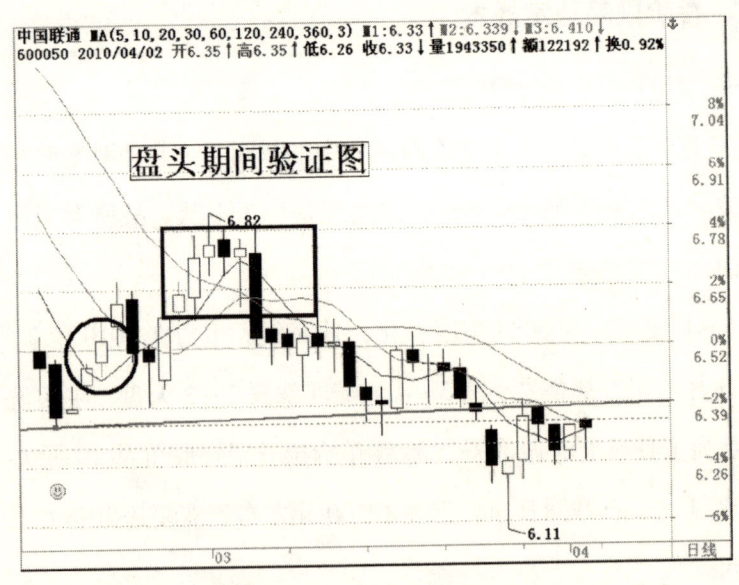

图 6-13　盘头期间图

图6-13说明：600050中国联通，日K线，在2010年3月初盘头，还是为了日后的下跌做准备。随即股价开始下跌。

3. 盘底阶段的吉峰农机初、中期，则无论其即时走势中如何波动，庄家怎么玩弄花招，最终还是为了盘底建仓。故观望、等待是最安全的战术。

图6-14说明：300022吉峰农机，日K线，在2010年1月至2月初，盘底还是为了日后的上涨做准备，随即股价开始拉升。

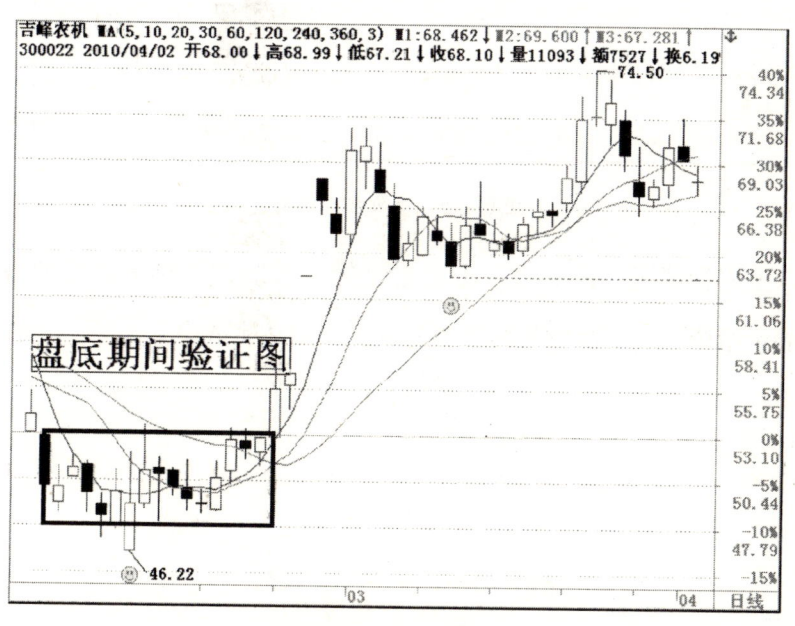

图6-14 盘底期间图

4. 盘头阶段的中捷股份初、中期，无论其即时走势中如何波动、玩弄花招，最终还是诱多出货。故离场、休息是最安全的战术。

图6-15说明：002021中捷股份：日K线，在2010年3月上旬、中旬，盘头还是为了日后的下跌做准备，随即股价开始下跌。

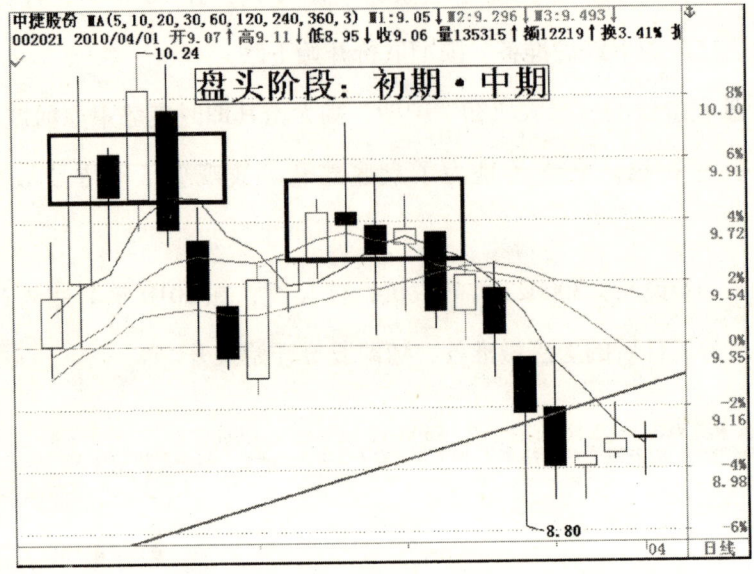

图6-15 盘头初、中期

以上四种情况,把主力、庄家在股价上涨前或股价下跌前的各种表现,展示给读者,下面就看投资者是否能应用在实战中了。

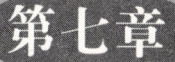

别当主力接盘手

炒股"简单"化,要听"市场"话,
如果"不赚"钱,还是"不听"话。
买卖一招定输赢,一买一卖见分晓;
趋势向上要满仓,趋势向下要逃跑!

第一节

同样的错误不该再犯

世上没有不犯错误的人，投资市场风大浪险，更不例外。有些人在犯了错误后，会吸取以往的教训，也许一辈子也不会再犯同样的错误，而炒股中就有一大部分人是永远不记住教训，总是一错再错，到头来自己的资金不断缩水，懊悔不及。他们也总结自己过去的教训，但只要股市行情一变（上涨或下跌），就会迫不及待奋不顾身冲进去，要知道，股海后浪追前浪，投资不在一时，也没有后悔药卖。

以下是我所了解到的中小散户最易有的失误，供大家参考：

1. 听信专家、股评的推荐，自己不能认真分析个股的基本要素，盲目跟进，导致期望高，失望大；

2. 主观推测国庆、两会、奥运、世博会等大事会有行情，跟风追买，何时该进，何时该出，如何止损，均无原则，有时不但不能收获，甚至连本钱都损失惨重；

3. 盲目相信股神、机构，把自己的财富命运放在他人手中，风浪一来，连法律都无法保护你；

4. 永远不把功夫用在投资基本知识的学习和运用上，以致几年、十几

年仍处于股市扫盲阶段,总是在做机构大户的分母;

5. 人性的贪婪和恐惧是投资的大忌,要学会逐步克服自己人性弱点,否则,总会不断陷入圈套。

以上所说,都是告诉广大读者,炒股是一门学问,虽然门槛低,但多少都是自己的宝贵财富,值得投入精力学习基本功,才能在市场上取得收获。

第二节

炒股不能单相思

自古至今,男女到了一定的年龄都会自觉不自觉地暗恋异性,因为人类之间有语言、有感情,会由单恋或暗恋变成互恋或明恋,故大家不足为奇,见怪不怪了。

而炒股者对股票的"单相思"就是另一回事了。就拿我本人来说,一度对股市也存在严重的"单相思",股票买进后,时时日日希望它上涨,涨了一点,还希望它涨,大多数是事与愿违,你越想它涨,它就越不涨,最后不得不放弃它。结果就是你想它,它不想你,这样的情况决不是只在本人身上发生,而在大部分炒股者身上发生,包括大户、机构、基金、主力等各类投资者。

因为股市是无法用语言沟通的,只有通过市场语言,也就是大家常说的盘口语言,了解趋势是向上还是向下,事实证明,趋势向上时,你可以单相思,那叫"趋炎附势";反之趋势向下时,这时你想它,它不会想你的，只能"顺水推舟"，再要"单相思"，只会财气两伤。

我曾与各类投资者讨论、分析，绝大部分投资者感觉自己不是"单相思"，而是在游戏市场。我认为，看你站在什么层面去玩这样的游戏，如果站在管理层层面去说，这是一种融资的游戏；站在巴菲特、索罗斯的层面而言，应该叫做资金再分配游戏；对中、小者而言，是玩一种高智商游戏。

既然叫高智商游戏，就是一般炒股人都难以达到的，故绝大部分炒股者是输家，只有认真踏下心来学习，才能逐步提升自己的投资能力。

提到学习这个话题，学习谁？在这里我想告诉大家，我的老师就是"市场"，因为市场永远是对的，我跟对的学习，才能避免犯错，或是犯小错而不犯大错。有人认为要想做到这一点，就一定要付出比别人多的时间、比别人多的金钱，其实不然。因为自从有股市存在，就有市场的存在。市场的存在会反映在股市趋势图中。上面我们讲到历史会重演，股市走势图记载着美国股市的数百年历史，同时也记载着中国20年的历史。你要想研究哪一天的股市运行图，打开K线图后，调到某天、某周、某月、某年，它就会立刻反映在你眼前，当时发表什么观点、文件、文章及当时管理层的态度、精神、立场都会清清楚楚、明明白白地反映在运行系统中。如这一段时间股市上涨，就说明在这段时期内，好消息多于坏消息；反之这段时期内股市下跌，就说明当时利空消息多于利多消息或政策与市场相背离。

如果你能够学习，掌握股市最新理论，你会逐渐增强自己在市场中游泳能力，一旦风浪来了也可抵御风险。股市中有玩笑话说"永远不要把股票当妻子，而只能当情人"，它是为你所用的。你爱股市只能一阵子，就是上升趋势形成后，爱一阵子而不是一辈子。如果你天天"单相思"，一

厢情愿爱股票，你的钱很难迅速增长，还可能搞不好会从富翁变成"负翁"了。

第三节
小散们，为什么经常屡战屡败？

小散是中小散户的统称，说具体点就是资金在2万至10万之间的投资者或是投机者。这一批人在股市中约占投资者总数的70%到80%左右。有时这些投资者也能掀起一点点的小浪花，但不能左右大盘的涨跌，股市中叫有你这点也不多，无你这点也不少。有人说，我手中的股，常常卖后就涨，买后就跌，至今也不知道为什么。有人说技术我懂，什么K线、均线、成交量、MACD等各种指标都能说出一、二，什么布林线、趋势线也略懂一些，可一到买股或卖股时就糊涂了。

这类人有一个共同的特点就是太相信自己，固执，自以为是。有人炒股炒了8年10年，几乎就这样度过8年、10年，仍然是屡战屡败。8年10年算得上是一个老股民了，是一个成熟的投资人了，为什么仍然是输多赢少？他们也总结失败经验，或接受别人教训，一旦到实战时，又乱了方寸，结果仍然是失败者多或成功者少。我在这里把自己的成功经验跟大家做一个分享，看一看能否帮助你在股市中赚到钱。

我在股市实战中屡试不爽的体会是：

第一，股市按规律在运行，涨有涨的规律，跌有跌的规律，一旦涨跌趋势形成，则不以任何人的意志为转移；

第二，经过多年的检验，证明只有上升趋势形成（我称为"太阳出"）后才能赚钱，而且是大趋势赚大钱、小趋势赚小钱、没有趋势不赚钱；

第三，想在股市中赚到大钱必须要先付出时间，付出学费；又叫先舍而后得，不舍而不得，世上没有免费的午餐，天上永远不会掉馅饼；

第四，中小投资者一定要牢记听市场的话，走在大趋势之后，因为无论从资金实力、信息灵敏度、风险承受力来说，我们都不能和机构、主力拼，只能力争在稳赢的方向上操作，才能避免走一步退两步的悲剧，使财富稳步增长。

第四节

股市青睐成功者，不同情失败者

在股市中，先败是常态。生活中的失败者，得到大家的同情，也会得到别人的帮助。若是有谁在股市中输了20万、30万或是数百万、甚至上千万，有谁同情过，没有。谁也不会同情在股市中的失利者，因为股市是在玩一种游戏，只因你不遵守游戏规则，输了就算你运气不好。炒股是有钱人玩的游戏，绝不是给数千或10万左右小资金者玩的游戏。所以我在这里要劝告一些靠工资、养老金、小本生意赚辛苦钱的人，入市千万要酌好，千万别以为用几千或几万元就能发财，就能够致富。有人会说，有人赚钱啊，有人从几万赚到了几十万或几百万。我告诉你，那只是在媒体上看到的或是听到的，是一种炒作。真实的你，你的周围又有几个这样的例子，从小散变成中户、大户，即使有也是凤毛麟角。除非你下定决心，做职业投资人。近年来普通职工、学生成长为优秀投资者的人也陆续出现，这些人相对于巨大的中小散户来说都是比例太小了。

就像中了几百万的彩票一样，全国或某一地区或数十万人中有一人中彩，也许中彩的人只用了2元就中了500万，但全国数亿人在投彩，一年只有几个中奖的，中彩的几率有多低你可想见，那是碰运气。未中者叫运气不好，某种程度上，股市对广大毫无投资知识的人，获利也像中彩票一样几率低。

话又说回来，成功说难也不难，前提是对每一次失败的教训总结，牢记在心中，落实到操作上，一定要走在趋势后面，按市场规律办事，形成自己的风格，执行铁的纪律，以不变应万变的操作理念去面对千变万化的股市。想在股市中成为一个成功者，不要自暴自弃，尊重市场就是尊重自己的财富，这一点请你从今天开始去体会。股市永远是推崇成功者，不同情失败者。广大读者，你想当前者？还是想当后者？请你自己选择吧！

第五节

看不清形势要等待，别当主力接盘手

当牛熊拐点开始转换时，大盘在悄无声息中消化了我们的投资收益，股民们习惯的强趋势开始发生改变，取而代之的是震荡下跌的趋势和市场上关于拐点的传言。看着投资收益损失的人后悔自己没有逃顶，空仓等待的人寄希望于能找到下一个拐点抄底，市场在惋惜与期待中继续。

作为一名普通的投资者，想准确解读股市的情绪并不容易，尤其是每一个转折点的附近，或许大多数人的感觉都是错误的，遗憾的是，他们还是寄希望于在趋势的变幻中独善其身。在市场前景难以把握时，以下几点可供大家参考：

第一，在宏观面并不十分乐观的市场中，超50%的收益已经相当可观，未来市场整体性的上涨机会可能已经乏善可陈，剧烈的震荡导致的收益分化是必然趋势，寻找拐点并不是一件特别紧迫的事情。市场不会永远同涨共跌，做好在投资品种和投资时间上的双重分配也许比寄希望于准确判断大盘的走势更为有效。选择一只成长性好的股票分期定投不失为一个好的方法。

很多投资者会片面地认为定投无法全面有效地利用资金，但在一段相当长的投资周期里，定投是可以解决判断市场走向难题的最佳方法。

第二，看不清楚前景的时候，请选择等待，伺机而动，这需要我们踏准节奏；需要耐住寂寞。我们无法左右市场，但可以掌控自己，别当主力接盘手。

第三，我们改变不了市场，可以改变参与市场的方式，保存实力也是一种投资。

新股民们一定牢记下面四条：

第一，学会放弃：在大趋势没有扭转前，要坚决放弃一些没有把握的短期机会。

第二，学会寂寞：在大趋势没有扭转前，要保持空仓忍耐常人不能忍受的寂寞。

图7-1说明：沪市大盘在2007年10月中旬起至2008年10月下旬一波熊市行情中，共有三次短线行情，从技术图中的三次回调可以看出，回

调幅度之小，时间之短暂，一般投资者是很难准确捕捉，"偷鸡不成蚀把米"，那是得不偿失的。

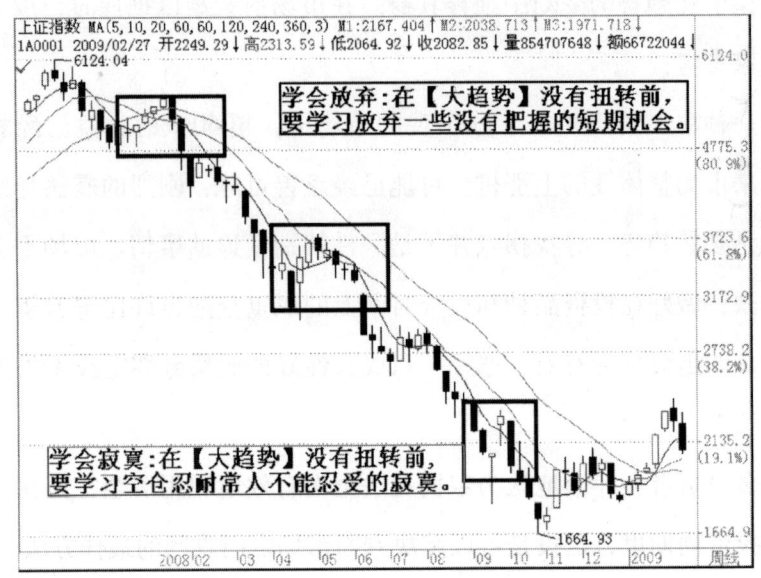

图 7-1　沪市大盘："6124 点至 1664 点"前后，周线：行情图

第三，学会果断：在大趋势形成的初期，要学习果断、集中地买入市场中最有潜力的股票。

第四，及时获利了结：在大趋势见顶的初期，要毫不犹豫卖出股票，坚决做空。

图 7-2 说明：沪市大盘在 2009 年 1 月中旬起至 2009 年 8 月上旬一波牛市行情中，只要投资得法，投资者是能赚到大钱的。

虽然广大中小投资者无法左右市场，但可以掌控自己，千万别对抗市场，只能顺从大趋势，否则就会在逆势中充当了主力的牺牲品。

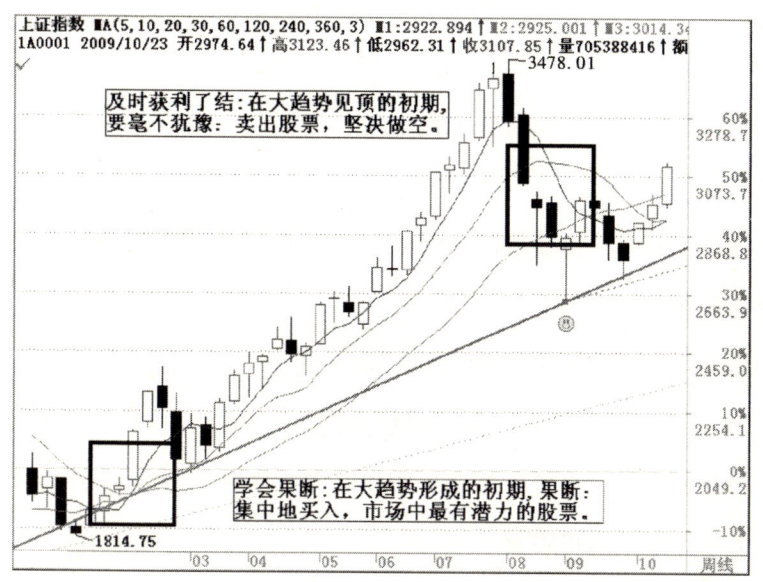

图7-2 沪市大盘："1664点至3478点"周线行情

第六节

股指期货和融资融券对市场趋势的影响

期货的本质还是一种期货商品，是一种以指数变动为依据的期货，只不过结算的是现金。股指期货的推出具有商品意义、金融意义和社会意义。

股指期货推出增加了一种风险工具。目前国内证券市场还缺乏做空机制，期指的推出刚好填补了这个空白，使得股票持有者可以通过股指期货转嫁手中股票的风险，锁定收益。或者可以在资本市场做多时，做空期货

市场，在市场非理性下跌时做多股指。从而增加市场平衡力量，有利于整个市场的稳定，减缓股市的大起大落和单边市的状况。同时放大资金量，提高资金使用效率，为投资者规避风险。

参与股指期货应注意以下几点：

股指期货操作，需要较高的实战技术和技巧，现总结如下，供准备参与的投资者参考：

1. 必须会判断大趋势，这是操作的前提。

2. 明确自己投资风格，是利用股指期货套期对冲保值还是投机获利。前者更适合大资金，当然大资金也会进行对冲投机操作。后者适合中大户且有一定实战水平的投资者。

3. 需要熟练使用T+0实战技术。当天高点、次高点、低点、低次点都要提前心中有数。明确时间周期，尤其是分钟K线周期，更是重要。趋势线是重要操作依据，每天运行的上下轨得搞清楚。T+0操作水平不高不行，沪深300合约一个点就是300，一百万资金以IF1009合约进行操作，最多也就6份，留足保证金的话得5份以下，以5份为例，一个点变动就是1500，这就是说，T+0水平高低直接决定你的投资收益。

4. 一定得留足保证金，股指期货有一种手法容易让投资者爆仓或被强行平仓：通过长下影或上影让投资者强行平仓。股指期货操作手法可以参考炒股，但技术支撑和压力位对于股指期货来说，都可以视为无形，不能把其像炒股那样看得过重。

5. 窄幅震荡走势宜平仓观望，等方向明确再开仓。因为窄幅震荡方向不定，而且确定方向时往往会有快速突破走势，如果方向做反了损失巨大。

6. 原则当日平仓不过夜，切不可像炒股那样用捂股策略。当然，如果投资者在交割期前,能看到较长趋势,中线操作不是不可以,但那应属对冲保值范畴,不在此讨论之列。

7. 手法要快,开仓买卖要谨慎,平仓要坚定果断,切不可有侥幸心理。平仓之后反向开仓要把买卖搞好。

8. 注意总结观察两市能对指数产生决定性影响并得到投资者认同的风向标与股指期货运行的联动效应。

股指期货操作上还有很多实战技巧,大体上炒股的一些手法可以参考但对投资者的看盘和操盘能力要求非常高,不是一般中小投资者适合参与的对象。对于参与其中的投资者,也要把握适度投机把风险放在第一位的原则,盈利第二,以免过度投机最终难以翻身。

图7-3说明:股指期货1005,从2009年4月16日首日上市交易,股指最高为:3488点、最低为:3413点,开盘为:3450点,收盘为:3415点。经过25个交易日至2009年5月21日停止交易,最后一个交易日的收盘为:2749点,按上图所示:5日、10日、20日均线为空头排列,如你在开盘首日按开盘价3450点买空一手,至最后一个交易日收盘为:2749点,最后一笔卖空,理论计算买一手的收益是:(3450-2749)×300 = 210300元,有多少人能做到,几乎为零。反之你把方向做反了,不是做空而是做多,你就会由"富翁变为负翁"了。

股指期货,对投资者是利好还是利空?

这个问题要从两个层面来分析:

1. 首先站在机构投资者层面上分析应属特大利好消息。

期货市场还有其特有的优点:T+0交易可以当天买卖;可以做空,就是在下跌的过程中赚钱。一个市场,光有一、二级市场是不够的,还需要有风险管理市场,这三者之间可以相互促进。推出股指期货,可以改变市

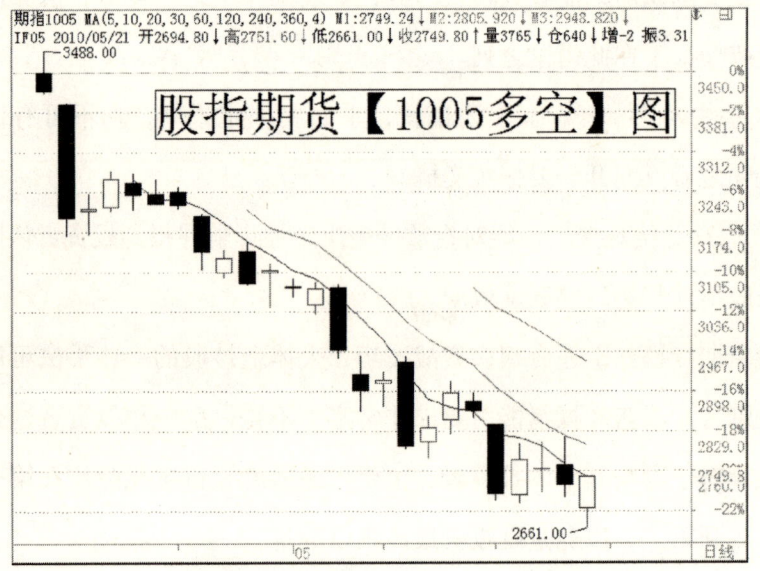

图7-3 股指期货"做空"实战图

场暴涨暴跌的现象,解决市场非理性的大幅波动问题。

中国股市已经20年了,大家都知道在这20年中只有做多才能赚钱,所以股市才会有大起大落的现象存在,所以才有2005年的998点涨到2007年的6124点;同样股指才会从2007年6124点经过一年时间的下跌跌至2008年1664点,就是因为中国股市没有做空机制,故才有暴涨暴跌。

股指期货推出,股指的大涨大跌、大起大落的现象将不复存在,股指涨到一定程度,机构投资者可以做空,从此中国股市只能做多赚钱的单向操作方式彻底改变了。

机构投资者可以在一定时间内做多,也可以在一定时期内做空,都能赚钱,故对机构投资者来说,融资融券和股指期货是绝对的大利好。

2. 对于中小投资者来说则是绝对的大利空。大家都知道,股指期货也好,融资融券也罢,都是有一定资金量的限制,中金所相关负责人表示,投资者参与股指期货需"三有"：有一定资金，投资者申请开户时保证金账户可用资金余额不低于50万元；有一定股指期货知识，开户前须通过有关知识测试；有一定股指期货仿真交易或商品期货交易经历，具有至少10个交易日、20笔以上的股指期货仿真交易成交记录，或者最近三年内具有10笔以上商品期货交易成交记录。

显然，对中小散户而言只能是望钱兴叹了。那也就是说，中小散户仍然只能做多赚钱，做空对他们来说是可望不可即的奢望了，前面也谈到了有做空机制大涨大跌的现象不会存在，中小散户操作起来就很难做到随股市上涨而买才能赚钱的操作方法，从2006年2007年的大牛市及2009年的大牛市中，大部分中小投资者仍然未赚到大钱，股指期货推出没有股指大涨现象存在，那不是赚钱更难吗？

融资融券和股指期货实施后，经过几个月运行，是和管理层预期不一样，市场的表现和管理层预期是背道而驰的，很多资深人士包括重量级的评论家及参与者大呼看不懂，在这里笔者又要重提一下自己观点了，股市有自身的运行规律，而是涨有涨的规律，跌有跌的规律，一旦"上涨的规律和下跌的规律"形成后，政策也要服从市场大趋势。下面以图为证：

图7-4说明：沪市大盘月K线，从2009年年初上升趋势形成后，当时政策面用一句话来总结：全世界金融危机严重。但沪市大盘股指却一路震荡上行，从1850点上涨至2009年8月初的最高点3478点，当时的大趋势并未形成向下，股市跨进2010年后，当时政策面并未转好，全世界金融危机仍然严重。直至2010年3月份，沪市大盘月K线，大趋势形成向下，此时此刻推出"融资融券和股指期货"等一系列的措施，结果是什么？大家已看到了吧。又应了笔者对中国股市的总结：政策不是万能的，没有政策是万万不能的。

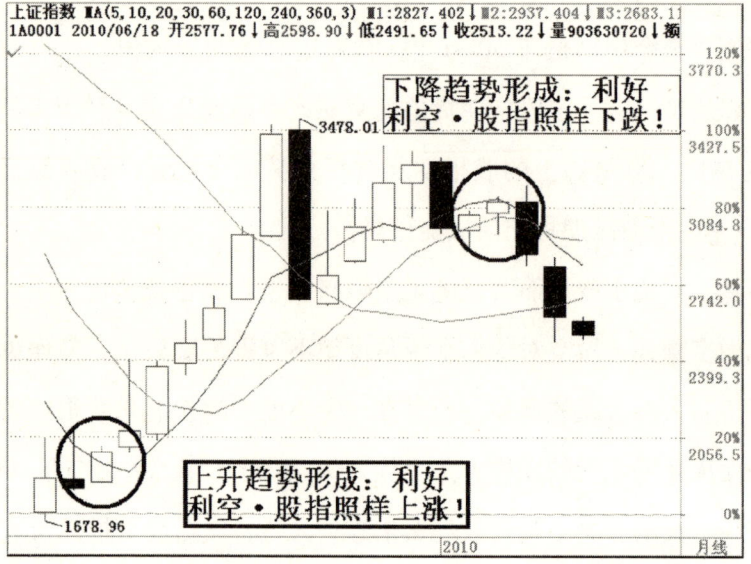

图7-4 中国股市"政策与趋势"对比图

第八章

一秒判势稳赢点：
买卖一招定乾坤

股市昨天成历史，市场明确告诉你，
只要你的悟性高，历史教训吸取到。
股市今天不重要，关注趋势最牢靠，
涨涨跌跌变化快，两点半后见分晓。

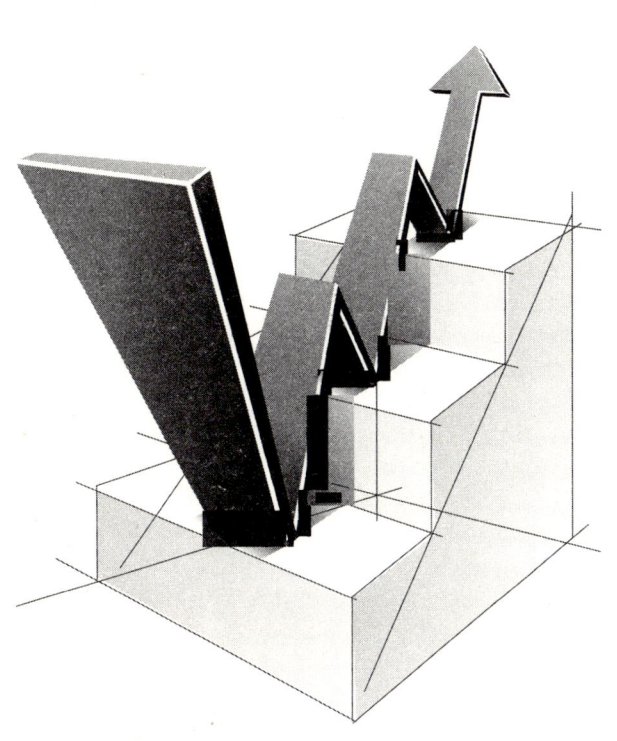

下面我将14年的实战经验，用两类不同的技术指标，给大家验证一下，你可任选一种，如果坚持做到，从此你可实现自己的资金增值梦想了。

第一节

K线：买卖"一招定乾坤"

普通技术指标K线"买一招·卖一招"验证图：

图8-1说明：600078 澄星股份2009年9月3日，股价在6.70元左右，相对底部出现一根大阳线，买进；2009年9月18日，股价在7.40元左右，相对顶部出现一根大阴线，卖出。这时股价已上涨10%左右。有缘的读者，按此法操作，你会不赚钱吗？

图8-2说明：600132 重庆啤酒，2008年12月下旬，股价在12.00元左右，相对底部出现一根大阳线，买进；2009年4月下旬，股价在24.00元左右，相对顶部出现一根大阴线，卖出。这时股价已上涨100%左右。

验证图8-3说明：002008 大族激光，2005年8月份，股价在2.00元左右，相对底部出现一根大阳线，买进；2008年3月份，股价在18.00元左右，相对顶部出现一根大阴线，卖出。这时股价已上涨900%左右。

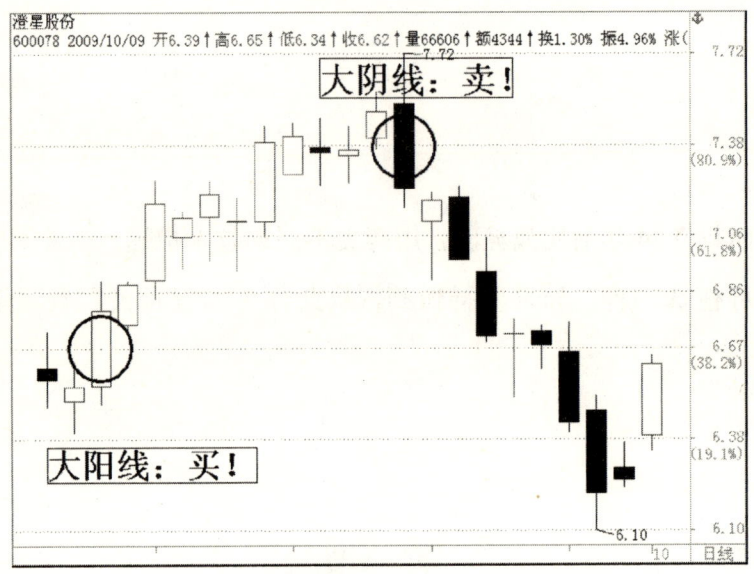

图 8-1 日 K 线 "买卖一招定乾坤"

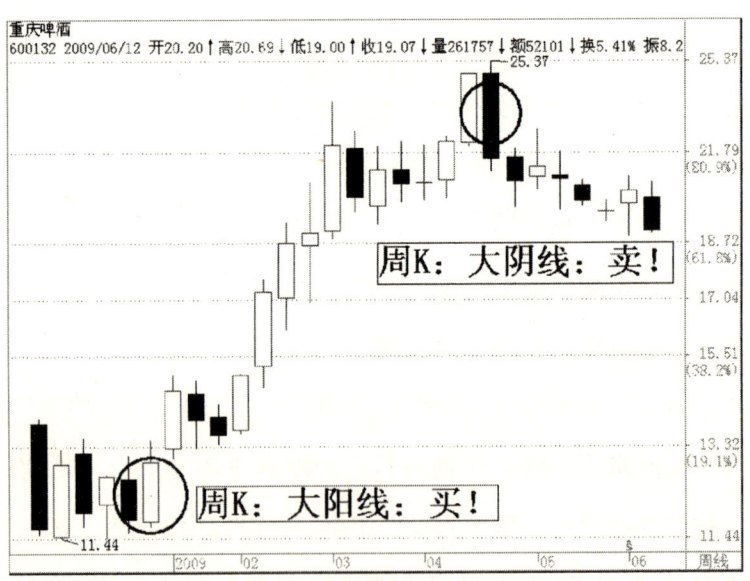

图 8-2 周 K 线 "买卖一招定乾坤"

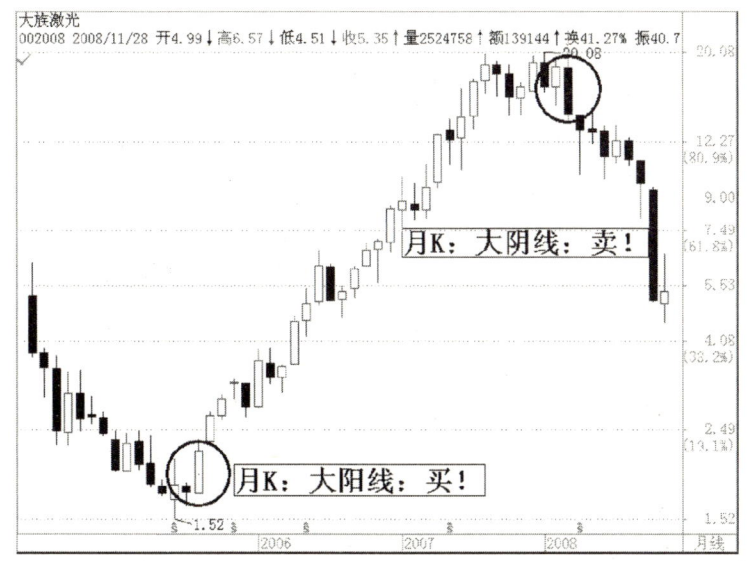

图8-3 月K线"买卖一招定乾坤"

第二节

均线：买卖"一招定乾坤"

图8-4说明：000096广聚能源，2009年11月2日，股价在6.00元左右，5日均线向上，买进；2009年11月12日，股价在7.00元左右，5日均线向下，卖出。这时股价已上涨15%左右。

图8-5说明：601398工商银行，2009年3月20日，股价在3.50元左右，5周均线向上，买进；2009年7月17日，股价在5.20元左右，5周均线向下，卖出。这时股价已上涨70%左右。

图8-6说明：000001深发展，2005年12月份，股价在4.00元左右，5月均线向上，买进；至2007年12月份，股价在30.00元左右，这时股

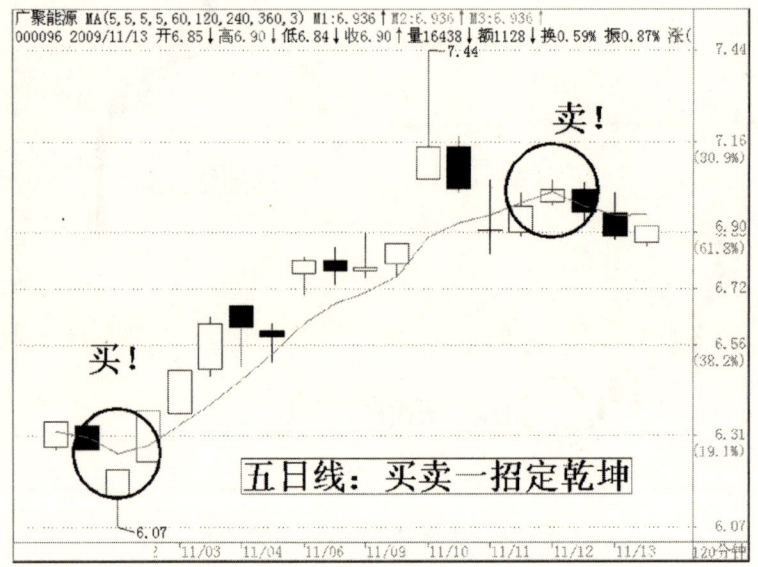

图8-4 五日均线"买卖一招定乾坤"

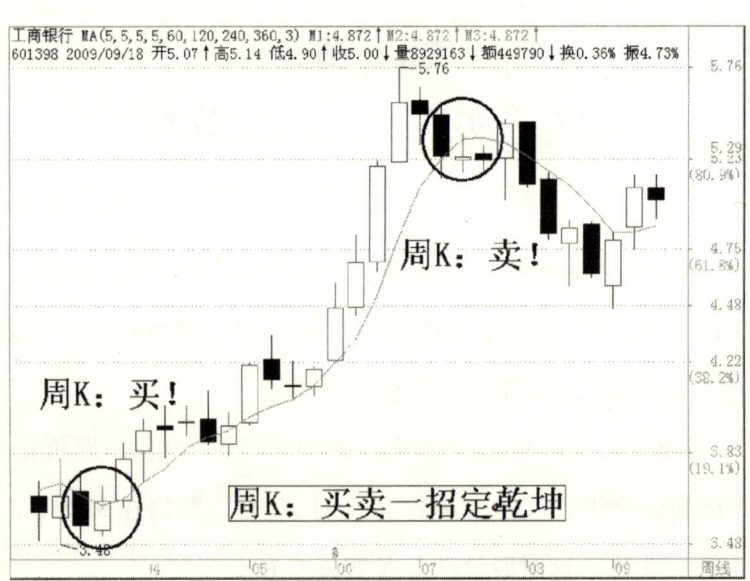

图8-5 5周均线"买卖一招定乾坤"

价已上涨700%左右，5月均线向下：卖出。2009年1月份，股价在10.00元左右，5月均线向上：买进；至2009年11月份，股价在25.00元左右，这时股价已上涨50%左右，5月均线未向下，仍可持股。

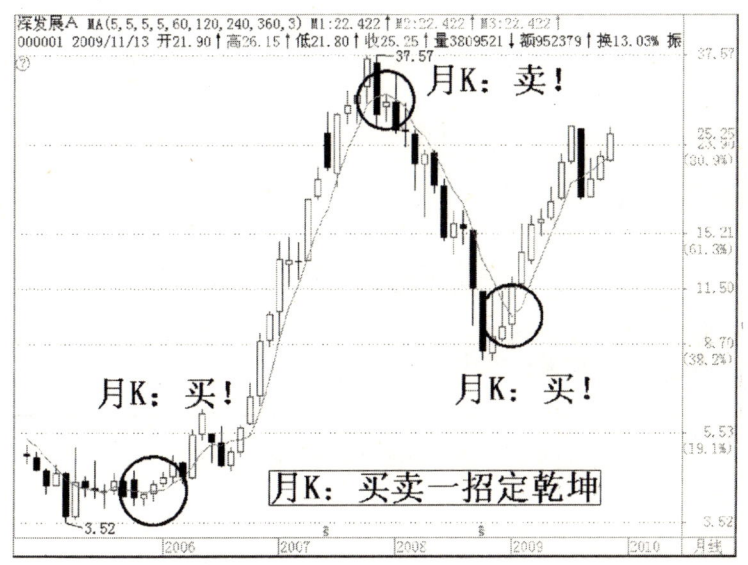

图8-6　5月均线"买卖一招定乾坤"

图8-7说明：000002万科A，2009年5月初，股价在8.00元左右，多日均线"金叉"向上：买一招；至2009年7月底，股价在14.00元左右，多日均线"死叉"向下，卖一招；这时股价已上涨80%左右。

图8-8说明：600839四川长虹，2006年3月初，股价在3.00元左右，多周均线"金叉"向上，买一招；至2007年9月底，股价在9.00元左右，多周均线"死叉"向下，卖一招；这时股价已上涨300%左右。

图8-9说明：000811烟台冰轮，2006年4月，股价在2.30元左右，多月均线"金叉"向上，买一招；运行24个月至2008年3月底，股价在10.00元左右，多月均线"死叉"向下，卖一招；这时股价已上涨4倍左右，开始回落。

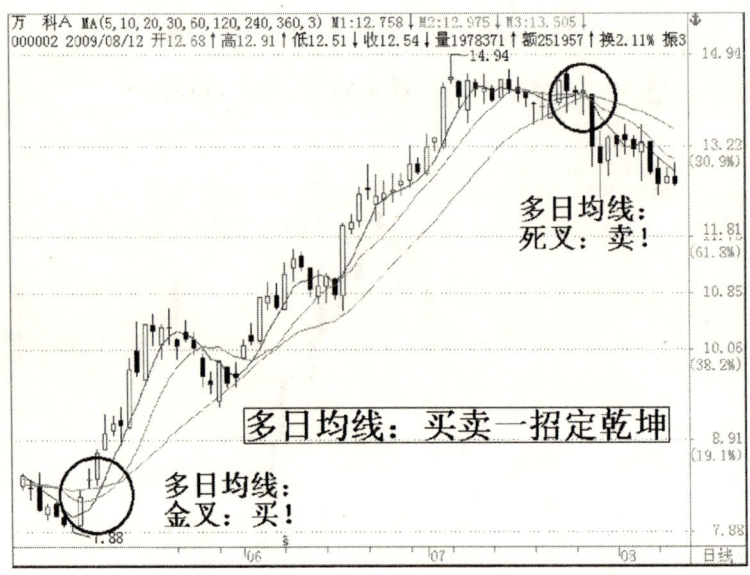

图8-7 多日均线"买卖一招定乾坤"

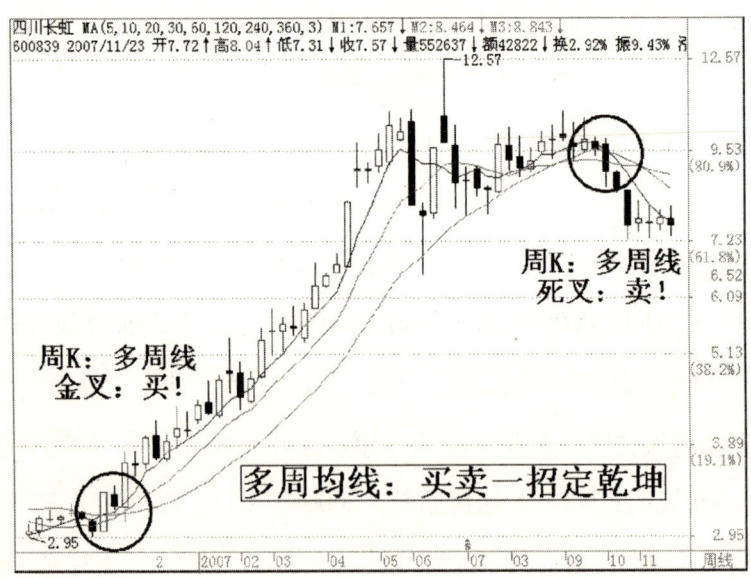

图8-8 多周均线"买卖一招定乾坤"

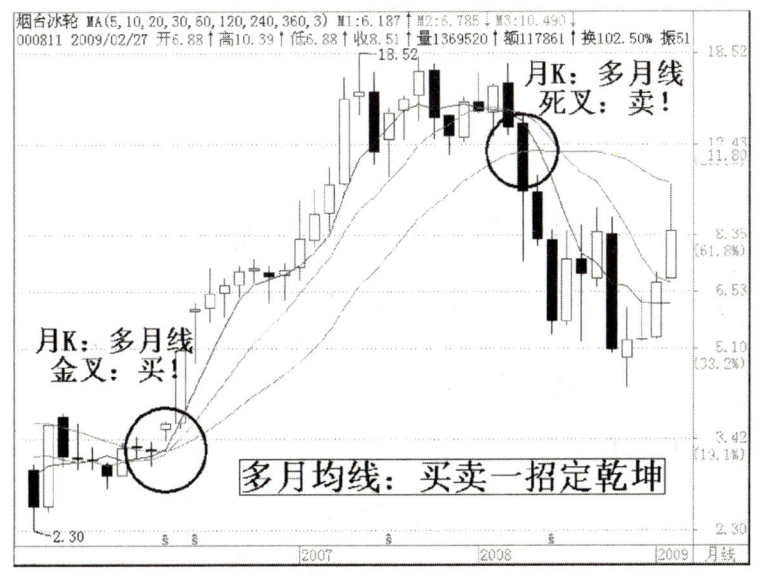

图 8-9 多月均线"买卖一招定乾坤"

第三节

趋势线：买卖"一招定乾坤"

图 8-10 说明：300001 特锐德，日 K 线在 2010 年 2 月 3 日起，股价在 30.00 元左右，上升趋势形成，买一招；至 2010 年 4 月 2 日截图日止，股价在 43.00 元左右，上升趋势未改变；这时股价已上涨 35% 左右，股价仍有上升空间。

图 8-11 说明：600426 华鲁恒升，日 K 线 2010 年 1 月 18 日，股价在 25.00 元左右，下降趋势形成，卖一招；至 2010 年 4 月 2 日截图止，股价在 20.00 元左右，这时股价已下跌 20% 左右。按此法操作，你不会赔钱。

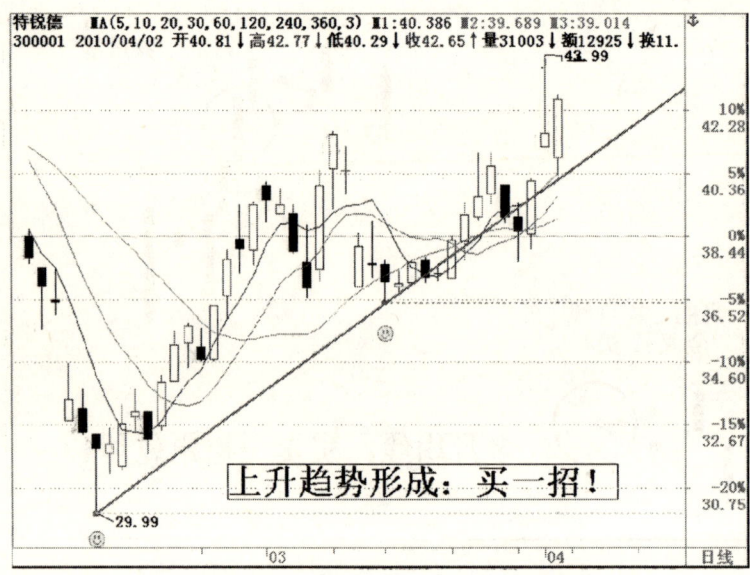

图 8-10 "上升趋势线"形成"买一招"

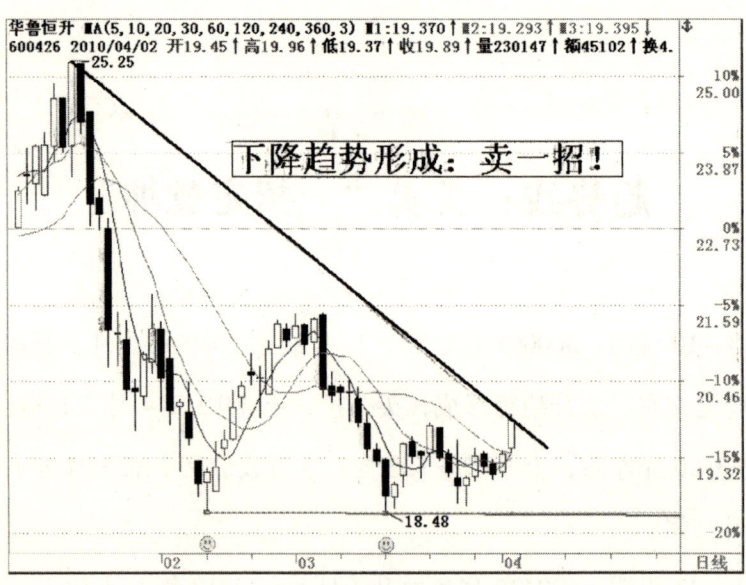

图 8-11 "下降趋势线"形成"卖一招"

第四节
MACD：买卖"一招定乾坤"

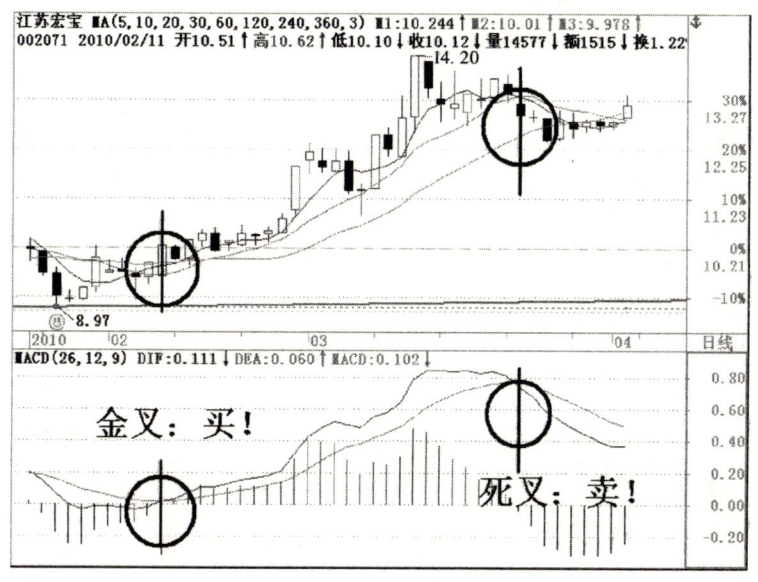

图 8-12　MACD"金叉买一招，死叉卖一招"

图 8-12 说明：002071 江苏宏宝，日 K 线 2010 年 2 月 5 日，股价在 10.00 元左右，MACD 形成买一招；至 2010 年 3 月 23 日，股价在 13.00 元左右，MACD 形成卖一招；这时股价已上涨 30% 左右。

图 8-13 说明：600489 中金黄金，周 K 线，2008 年 9 月 26 日，股价在 10.00 元左右，MACD 形成买一招；至 2009 年 8 月 21 日，股价在 60.00 元左右，MACD 形成卖一招；这时股价已上涨 500% 左右。

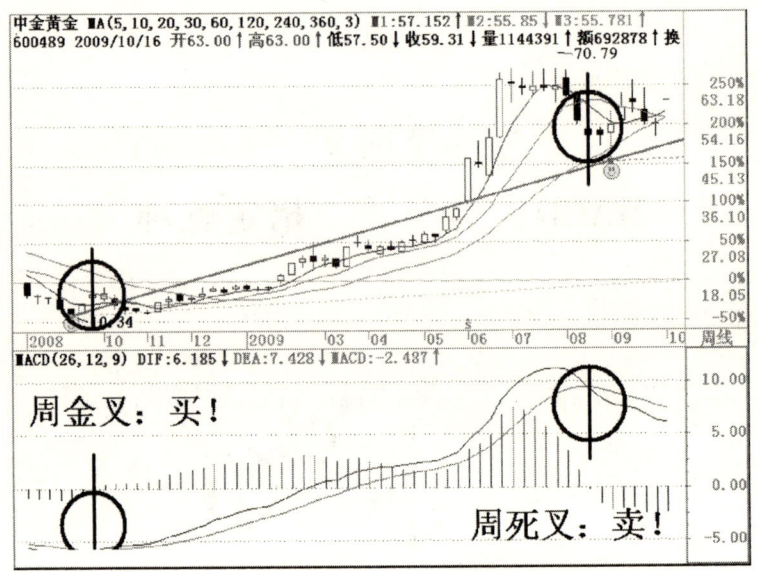

图 8-13　MACD"金叉买一招,死叉卖一招"

第五节

KDJ：买卖"一招定乾坤"

图 8-14 说明：601111 中国国航，日 K 线：2009 年 6 月 25 日，股价在 6.20 元左右，KDJ 形成买一招；至 2009 年 8 月 7 日，股价在 9.50 元左右，KDJ 形成卖一招；这时股价已上涨 50% 左右。

图 8-15 说明：600553 太行水泥，周 K 线：2008 年 11 月 7 日，股价在 3.00 元左右，KDJ 形成买一招；至 2009 年 8 月 13 日，股价在 11.00 元左右，KDJ 形成卖一招；这时股价已上涨近 300%。

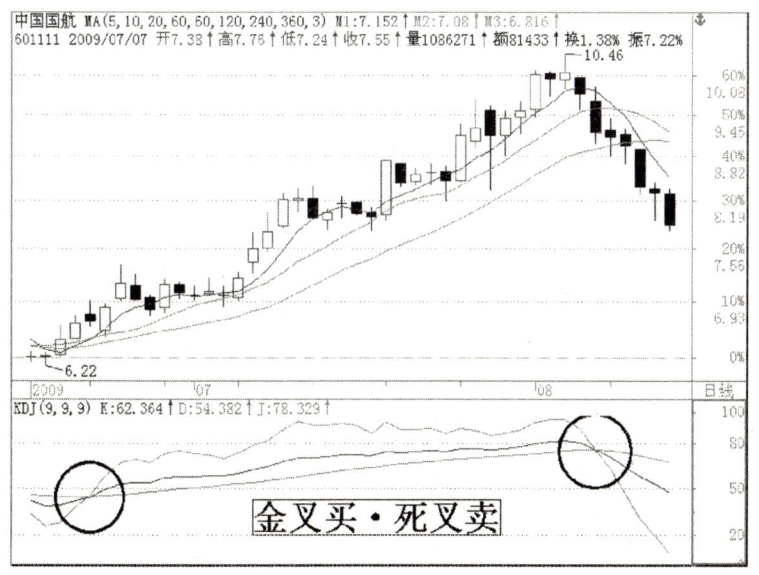

图 8-14 KDJ "金叉买一招,死叉卖一招"

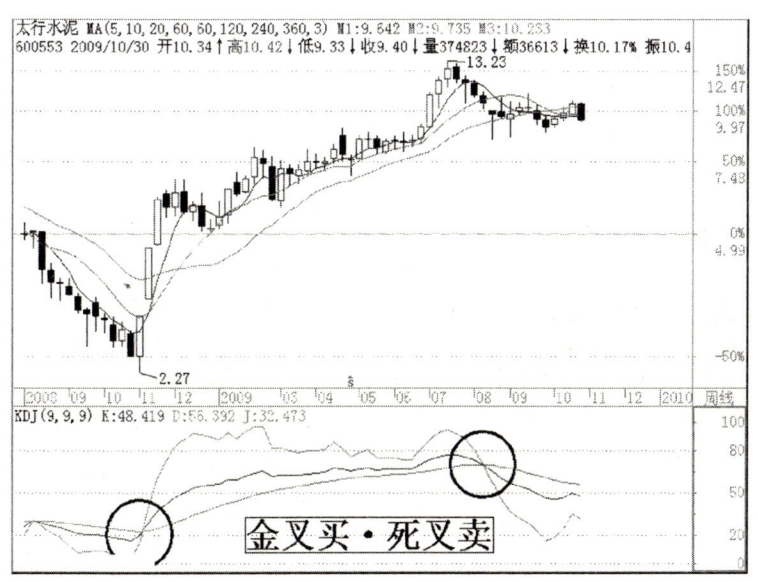

图 8-15 KDJ "金叉买一招,死叉卖一招"

第六节

共震现象：买卖"一招定乾坤"

图8-16说明：沪市大盘，日K线在2009年1月14日，2009年3月17日，2009年5月5日，股指在1850点左右，2009年6月2日，均线、量线、MACD、KDJ四次"同日共震"，每一次"共震"都是买一招时机，股指都有一定的涨幅。

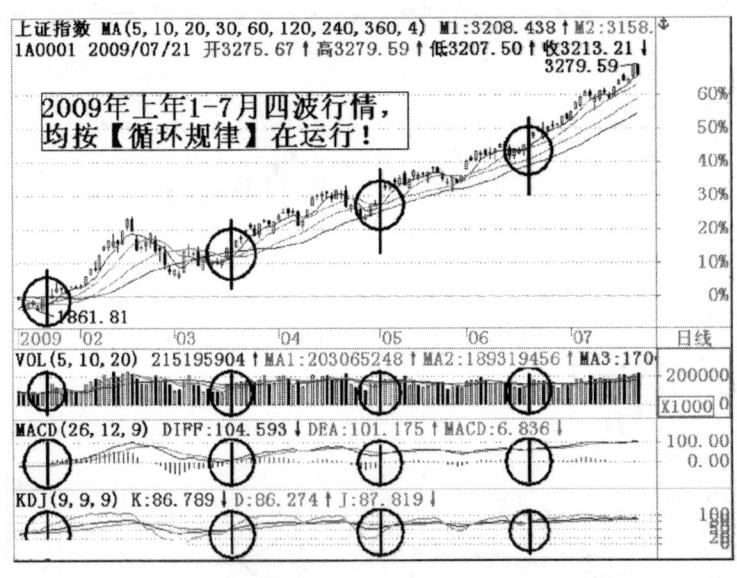

图8-16 共震现象"买一招"

图8-17说明：股指期货沪深300，60分时，在2010年3月17日10点30分，2010年3月26日15点，股指在3200点左右，均线、量线、MACD、KDJ四次"同日共震"，每一次"共震"都是做多开始，股指都

有一定的涨幅，按此法操作，你不会不赚钱。

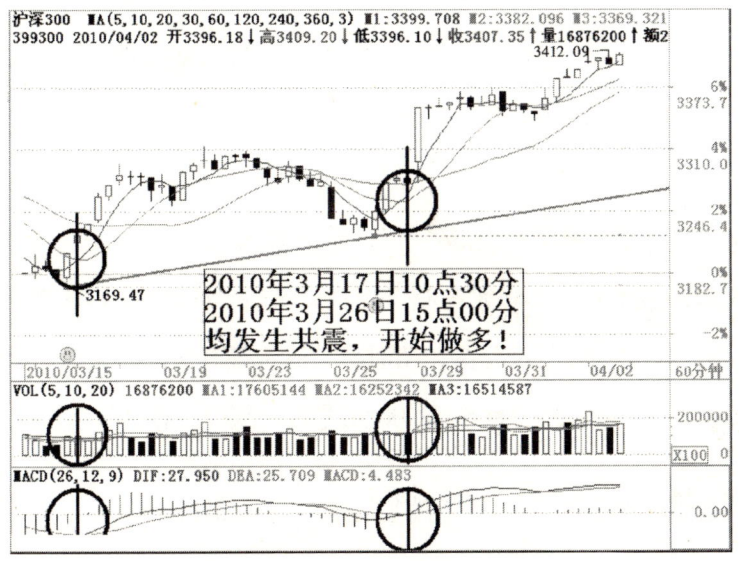

图8-17　60分时，共震现象"做多"

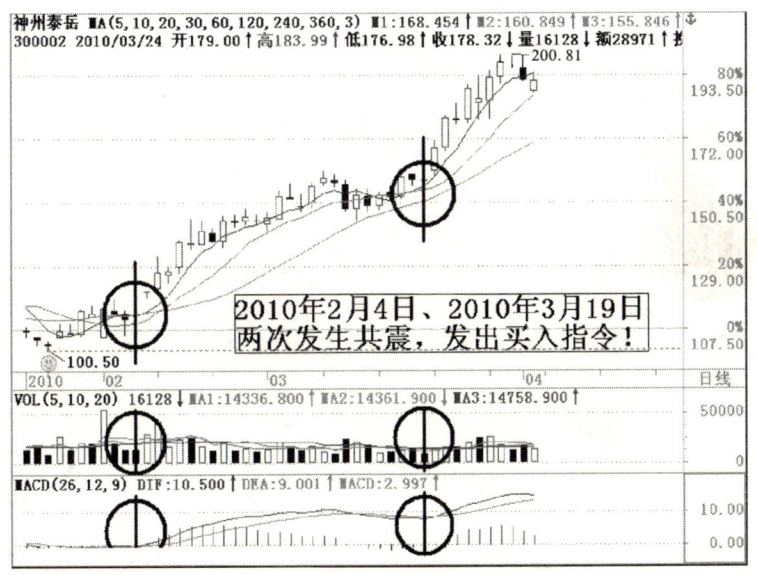

图8-18　日K线，共震现象"买一招"

图8-18说明：300002神州泰岳，日K线，2010年2月4日，2010年3月19日，股价在110.00元左右，均线、量线、MACD、KDJ二次"同日共震"，每一次"共震"都是买一招时机，股价都有一定的涨幅，至2010年4月2日截图日止，股价已涨至155.00元左右，涨幅已有45%左右。

图8-19说明：600391成发科技，日K线，在2010年2月1日，2010年4月1日，股价在22.00元左右，均线、量线、MACD、KDJ两次"同日共震"，每一次"共震"都是买一招时机，股价都有一定的涨幅，至2010年4月2日截图日止，股价已涨至32.00元左右，涨幅已有50%左右。

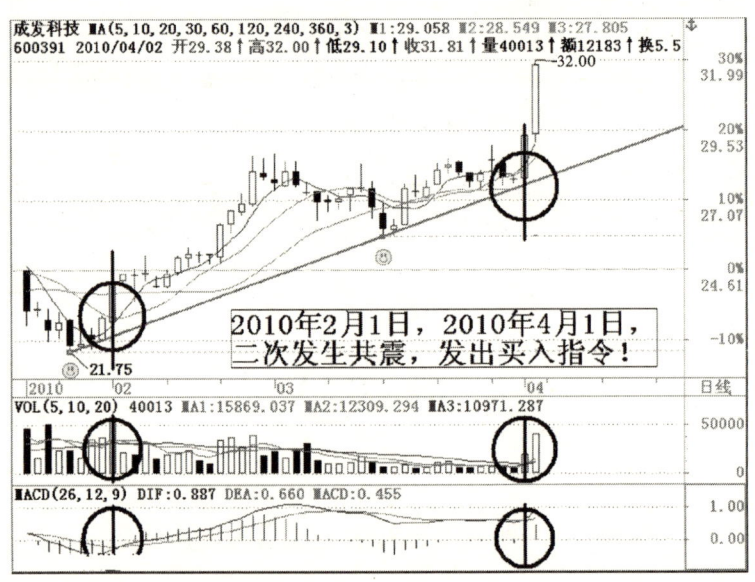

图8-19 日K线，共震现象"买一招"

图8-20说明：000925众合机电，周K线，在2007年1月初，股价在2.00元左右，均线、量线、MACD、KDJ发生"同周共震"，每一次共震都是买一招时机，至2009年11月初，股价已涨幅13倍。

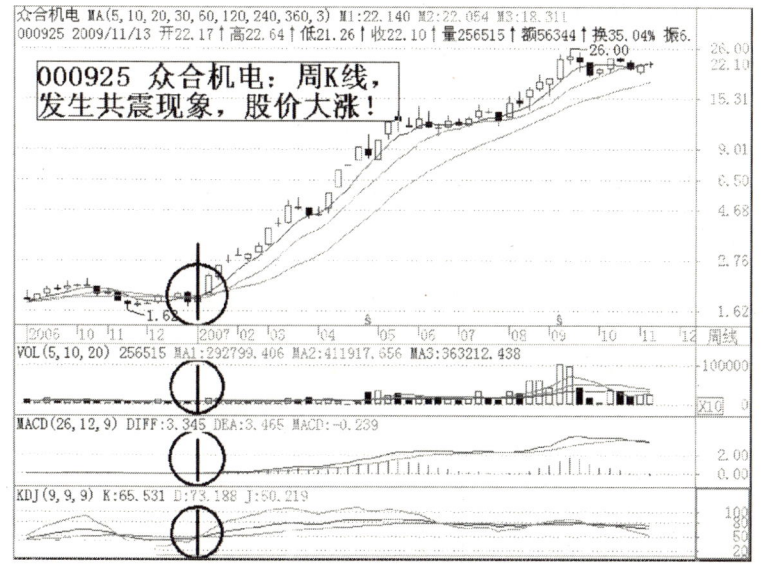

图 8-20　周线，共震现象"买一招"

总结：以上 20 幅图，我用大家常用技术图的指标判断"买一招及卖一招"点位，其中有沪深两市大盘、龙头股、指标股、大盘股、小盘股，有日线、周线、股指期货，一般有三年以上股龄的读者，用其中的一种方法"买或卖"，都会尝到投资收获的幸福。

附：沪深股市历史上出现的"一招定乾坤"时点

沪市：日 K 线出现"一招定乾坤"图形：

01. 1991 年 05 月 21 日出现"一招定乾坤"图形

02. 1993 年 04 月 06 日出现"一招定乾坤"图形

03. 1993 年 07 月 27 日出现"一招定乾坤"图形

04. 1994 年 08 月 01 日出现"一招定乾坤"图形

05. 1995 年 03 月 22 日出现"一招定乾坤"图形

06. 1995 年 07 月 07 日出现"一招定乾坤"图形

07. 1996 年 04 月 05 日,又出现"一招定乾坤"。

08. 1996 年 11 月 29 日,又出现"一招定乾坤"图形

09. 1997 年 01 月 10 日,再一次出现"一招定乾坤"。

10. 1997 年 08 月 22 日,又出现"一招定乾坤"图形

11. 1997 年 10 月 08 日,再一次出现"一招定乾坤"图形

12. 1998 年 03 月 26 日,再一次出现"一招定乾坤"图形

13. 1999 年 05 月 19 日,再一次出现"一招定乾坤"图形

14. 2000 年 01 月 04 日,再一次出现"一招定乾坤"图形

15. 2000 年 05 月 22 日,再一次出现"一招定乾坤"图形

16. 2000 年 07 月 12 日,再一次出现"一招定乾坤"图形

17. 2000 年 10 月 10 日,再一次出现"一招定乾坤"图形

18. 2001 年 02 月 27 日,再一次出现"一招定乾坤"图形

19. 2003 年 01 月 09 日,再一次出现"一招定乾坤"图形

20. 2003 年 03 月 28 日,再一次出现"一招定乾坤"图形

21. 2003 年 11 月 19 日,再一次出现"一招定乾坤"图形

22. 2004 年 03 月 15 日,再一次出现"一招定乾坤"图形

23. 2004年09月15日，再一次出现"一招定乾坤"图形

24. 2004年11月10日，再一次出现"一招定乾坤"图形

25. 2005年06月07日，再一次出现"一招定乾坤"图形

26. 2005年07月22日，再一次出现"一招定乾坤"图形

27. 2005年12月09日，再一次出现"一招定乾坤"图形

28. 2006年03月20日，再一次出现"一招定乾坤"图形

29. 2006年08月11日，再一次出现"一招定乾坤"图形

30. 2006年09月29日，再一次出现"一招定乾坤"图形

31. 2007年03月12日，再一次出现"一招定乾坤"图形

32. 2007年07月19日，再一次出现"一招定乾坤"图形

33. 2007年12月21日，再一次出现"一招定乾坤"图形

34. 2008年04月23日，再一次出现"一招定乾坤"图形

35. 2008年09月19日，再一次出现"一招定乾坤"图形

36. 2008年11月07日，再一次出现"一招定乾坤"图形

37. 2008年12月03日，再一次出现"一招定乾坤"图形

沪市：周K线出现"一招定乾坤"图形：

01. 1992年12月18日，出现"一招定乾坤"图形

02. 1994年08月04日，出现"一招定乾坤"图形

03. 1996年02月16日，出现"一招定乾坤"图形

04. 1997年03月07日，出现"一招定乾坤"图形

05. 1997年12月19日，出现"一招定乾坤"图形

06. 1999年05月21日，出现"一招定乾坤"图形

07. 2000年01月28日，出现"一招定乾坤"图形

08. 2001年03月30日，出现"一招定乾坤"图形

09. 2002年03月01日，出现"一招定乾坤"图形

10. 2002年06月21日，出现"一招定乾坤"图形

11. 2003年01月17日，出现"一招定乾坤"图形

12. 2003年12月05日，出现"一招定乾坤"图形

13. 2005年07月29日，出现"一招定乾坤"图形

14. 2007年08月10日，出现"一招定乾坤"图形

沪市：月K线出现"一招定乾坤"图形：

1. 1991年03月29日，出现"一招定乾坤"图形

2. 1996年05月31日，出现"一招定乾坤"图形

3. 1999年06月30日，出现"一招定乾坤"图形

4. 2004年01月30日，出现"一招定乾坤"图形

5. 2006年01月30日，出现"一招定乾坤"图形

总结：沪市大盘，二十年来

日K线图中出现"一招定乾坤"图形，计37次

周K线图中出现"一招定乾坤"图形，计14次

月K线图中出现"一招定乾坤"图形，计05次

沪市：日、周、月K线出现"一招定乾坤"图形，都有"论证图形"放在全书后面，请读者验证。

深市大盘出现"一招定乾坤"图形：

日K线：

1. 1992年06月29日，出现"一招定乾坤"图形

2. 1992年11月26日，出现"一招定乾坤"图形

3. 1993年07月27日，出现"一招定乾坤"图形

4. 1993年11月05日，出现"一招定乾坤"图形

5. 1994年04月26日，出现"一招定乾坤"图形

6. 1994年08月01日，出现"一招定乾坤"图形

7. 1994年09月02日，出现"一招定乾坤"图形

8. 1995年05月17日，出现"一招定乾坤"图形

9. 1995年07月07日，出现"一招定乾坤"图形

10. 1995年10月19日，出现"一招定乾坤"图形

11. 1996年04月05日，出现"一招定乾坤"图形

12. 1996年09月26日，出现"一招定乾坤"图形

13. 1996年11月14日，出现"一招定乾坤"图形

14. 1997年01月10日，出现"一招定乾坤"图形

15. 1997年06月20日，出现"一招定乾坤"图形

16. 1997年10月08日，出现"一招定乾坤"图形

17. 1998年03月17日，出现"一招定乾坤"图形

18. 1998年11月04日，出现"一招定乾坤"图形

19. 1999年05月20日，出现"一招定乾坤"图形

20. 2000年01月04日，出现"一招定乾坤"图形

21. 2000年05月22日，出现"一招定乾坤"图形

22. 2000年07月28日，出现"一招定乾坤"图形

23. 2000年10月10日，出现"一招定乾坤"图形

24. 2001年02月27日，出现"一招定乾坤"图形

25. 2002年01月30日，出现"一招定乾坤"图形

26. 2003年01月08日，出现"一招定乾坤"图形

27. 2003年03月27日，出现"一招定乾坤"图形

28. 2003年11月24日，出现"一招定乾坤"图形

29. 2004年09月15日，出现"一招定乾坤"图形

30. 2004年11月10日，出现"一招定乾坤"图形

31. 2005年01月21日，出现"一招定乾坤"图形

32. 2005年01月07日，出现"一招定乾坤"图形

33. 2005年07月20日，出现"一招定乾坤"图形

34. 2005年12月09日，出现"一招定乾坤"图形

35. 2006年03月21日，出现"一招定乾坤"图形

36. 2006年05月08日，出现"一招定乾坤"图形

37. 2006年08月15日，出现"一招定乾坤"图形

38. 2007年07月20日，出现"一招定乾坤"图形

39. 2007年12月15日，出现"一招定乾坤"图形

40. 2008年04月24日，出现"一招定乾坤"图形

41. 2008年09月19日，出现"一招定乾坤"图形

42. 2008年11月10日，出现"一招定乾坤"图形

43. 2009年01月14日，出现"一招定乾坤"图形

深市：周K线出现"一招定乾坤"图形：

01. 1994年08月15日，出现"一招定乾坤"图形

02. 1996年03月08日，出现"一招定乾坤"图形

03. 1996年10月11日，出现"一招定乾坤"图形

04. 1999年05月21日，出现"一招定乾坤"图形

05. 2000年01月21日，出现"一招定乾坤"图形

06. 2001年03月16日，出现"一招定乾坤"图形

07. 2003 年 01 月 17 日，出现"一招定乾坤"图形

08. 2003 年 11 月 21 日，出现"一招定乾坤"图形

09. 2005 年 02 月 04 日，出现"一招定乾坤"图形

10. 2005 年 07 月 29 日，出现"一招定乾坤"图形

11. 2005 年 12 月 16 日，出现"一招定乾坤"图形

12. 2007 年 08 月 03 日，出现"一招定乾坤"图形

深市：月 K 线出现"一招定乾坤"图形：

1. 1996 年 04 月 30 日，出现"一招定乾坤"图形

2. 1999 年 06 月 30 日，出现"一招定乾坤"图形

3. 2003 年 04 月 30 日，出现"一招定乾坤"图形

4. 2006 年 01 月 25 日，出现"一招定乾坤"图形

总结：深市大盘，20 年来

日 K 线图中出现"一招定乾坤"图形，计 43 次

周 K 线图中出现"一招定乾坤"图形，计 12 次

月 K 线图中出现"一招定乾坤"图形，计 04 次

深市：日、周、月 K 线出现"一招定乾坤"图形，没有"论证图形"，请读者自己对照家中的"各种炒股图形"验证。

第九章

走在趋势后,才是稳赢家

太阳理论硬道理,形象实用无法比,
如果你要不相信,实践之中来挑理。
日出而做最可靠,日落而出风险小,
只要波段把握好,股市稳赢做得到。

第一节
为什么要走在趋势后

虽然在今天的股市中，已经有不少中小投资者成长起来，但对多数散户来说，只有防风险，才能保收获。因此，稳赢的前提是走在趋势后（太阳出来以后操作）。

为了让大家易懂好记，我把趋势比成火车，请大家用动态的操作理念去分析股市。因为趋势就像一列火车，不管是小火车（小趋势）还是大火车（大趋势），如果想在来路挡住它，那注定是要付出惨痛代价的；而如果顺势，即使上来得晚一点，至少也可以搭一段顺风车，而且还有足够的时间让你判断这列火车是否已经停下来了（是准备继续前行还是降速返程已经明了），这个时候你下车，至少心情是轻松的，旅途是愉快的。

中国股市20年的无数事实向我们证明："炒股想赚钱，走在趋势后。"有人问炒股到底炒什么？有人说炒股就是炒"心态"，有人说炒股就是炒"成长"，有人说炒股就是炒"业绩"，有人说炒股就是炒"未来"……

我认为，以上说法都对，但最简单的理解：炒股就应该炒"涨"字，炒"上升趋势"，炒沿着"上升规律"已形成"涨"的个股。因为一般的投资者只能跟着趋势走，那才是能够保证稳赢的基础。

为什么说炒股就炒"涨"呢？因为不管股票的题材、业绩、市盈率、股民的心态好坏、国际国内形势如何，一般来说凡是哪只个股"涨"一定有主力在"做"这只股。

股市的二级市场是最公平的，可是，每个人的炒股业绩又是何等的千差万别！广大中小投资者，无论从资金、信息、技术等各方面来说，都无法与机构和主力较量，为了保证自己实力，必须留足余地，把防范风险放在重要位置，否则，难免会在几赢一输中亏掉血本。

第二节

顺势者赢　逆势者亏

在股市中，为什么我提倡大家要趋势第一，顺势而为呢？

它包含了两个方面的意思：第一层意思是说要顺应趋势；第二层意思是说要按规定的纪律去操作。由此看来，判断趋势、顺应趋势在先，展开实际行动在后。我归纳为：趋势第一，行动第二。

下面我先谈一谈第一个问题，如何判断和顺应大趋势。

大家都知道，股票的价格运行态势无非是下面三种情况：一、上升趋势；二、横盘趋势；三、下降趋势。

知道了以上这三种趋势以后，我要问大家了：作为投资者来到股市里面干吗来了？大家都会说了：当然是为赚钱呀，让财富增值呀！那什么样的趋势能赚钱？

如果某一只股票横盘整理了三个月，你买进后在这三个月你能赚钱吗？回答一定是：不能，肯定不能。

如果某一只股票买进后，它就开始下跌，而且不停跌，不知道底部在何处，你能赚钱吗？

回答一定是：也不能。

好了，三种趋势中，有两种趋势都不赚钱，那剩下的一种趋势可能就是大家所要找的赚钱的股票了。

所以我说，买进上升趋势的股票才能够赚到钱，买进横盘趋势的股票不赚钱，买进下降趋势的股票后，不但不赚钱而且还要赔钱。

下面我再谈一谈第二个问题，如何采取实际行动。我通过十几年的研究和实战，体会到炒股的理想境界是：要想利润最大化，只有在上升趋势刚刚形成后，第一时间买进。同样只有在下降趋势刚刚形成后，第一时间卖出。这里要区别的是你是做短线、中线，还是长线，因为这些趋势划分阶段是不一样的，对应各种趋势的收益也是不一样的。

下面我用前面第五章讲到的"太阳理论"，这个形象易懂的方法给大家讲如何达到炒股的理想境界。

股市唯一能赚钱的方法：在"上升趋势刚形成（太阳出）之后"再进场，在"下降趋势刚形成（太阳落）之后"即退场！

图9-1说明：002010传化股份，日K线。大家注意我在图中2010年2月10日标出："太阳出：买一招"，至2010年3月10日，标出"太阳落：卖一招"；2010年3月16日起，又标出"太阳出：买一招"，至2010年4月2日截图日止，此时该股涨幅已达20%左右，这时短线仍可持股观望。

图9-2说明：深市大盘，周K线，图中2009年10月16日标出"太阳出：买一招"，至2010年1月22日，标出"太阳落：卖一招"，2010年

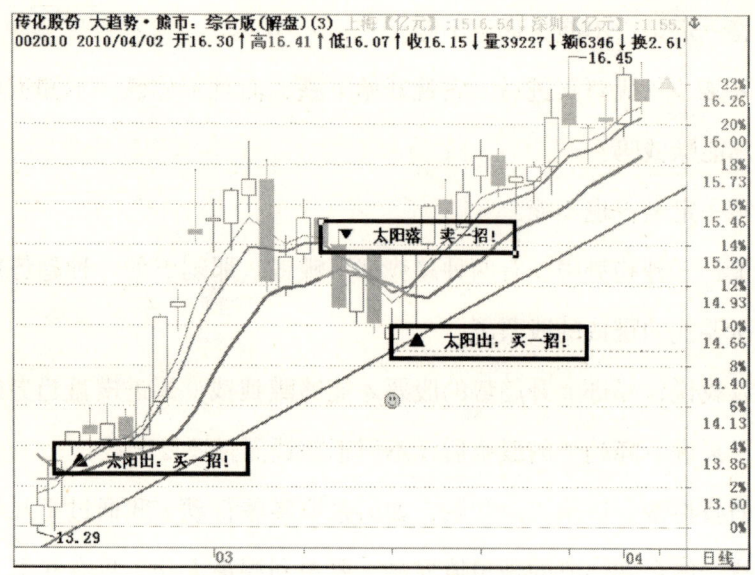

图9-1 日K线"太阳出·太阳落"

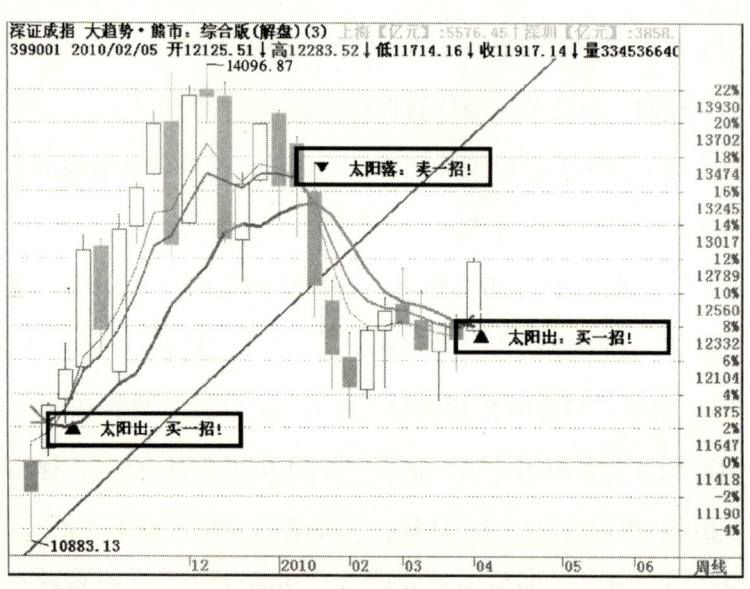

图9-2 周K线"太阳出·太阳落"

4月2日起,又标出"太阳出:买一招",显示2010年周K线第一波行情开始了。

上两图进一步说明：股市自身是有运行规律的，就像四季轮回，也一样有日出日落，决不会按你的想法、我的想法、机构的想法及管理层的想法而运行。大家再回顾一下，五十周年大庆、证券法出台、香港回归、奥运会召开、中央两会召开、六十周年大庆等等，凡国家重大纪念日来临或重大会议召开，很多投资者都一厢情愿地认为股市会有行情，却常常事非所愿。

大家都记得，2009年底不少人认为2010年会开门红，实际并没开门红。同样，有人预测2010年有两会行情，也没有如大家期望的。

当大家不知所措时，2010年4月初开始，周K线一波中级行情开始了，运行了近1个月左右，股指期货出台后，中线反弹行情结束。

第三节

股市趋势拐点"会说话"

在付出了无数精力和金钱的代价后，我苦苦摸索，在市场规律基础上由我的经验和儿子高海宁将高科技与趋势判断结合起来，探讨成功了自己的赢利模式，它将市场的起落用日出日落方式表现出来，我们称为"太阳理论"。它非常形象、直观，抓住了趋势转换时的特殊形态，而且适用于投资中的各个类型和阶段。经过几年的实践验证，取得了成功。

为了让一些初学者、新股民或研究数年股市"买·卖"还没有显著成效的读者，掌握我的投资精髓，我用最原始、最简单、最直观、最赚钱的"两点一线"买卖法："买点＋卖点＋一条太阳升线＝赚钱"的验证图在图中表现出来。

请看图9-3,图中"太阳线"从"绿线"(浅灰)转变为"红线"(黑色)时,图中标出"太阳出:买一招(其中的"短线"是在日线状态下,如在中线,则是周线状态,长线是月线状态),太阳落:卖一招,等文字。

前面我已经对"趋势"做了充分的说明,对广大中小投资者来说,在"上升趋势刚形成"(太阳出)之后,再去买股票,"下跌趋势刚形成"(太阳落)之后,再去卖股票,成功的机率大了许多,赚钱的机会就增大许多。我们用下面的短线、中线、长线来分别说明以上的操作法:

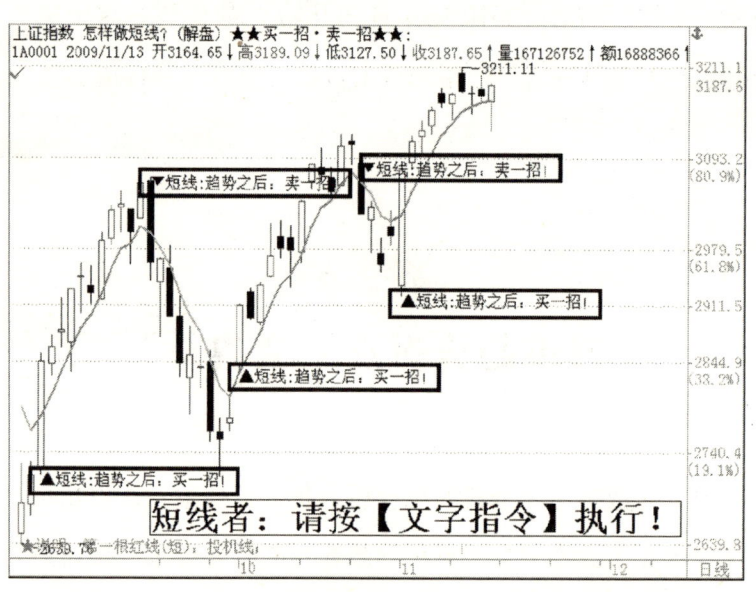

图9-3 "走在趋势后"短线操作法

图9-3说明:上证指数短线,六十大庆后三次行情,都在长阳线后标注了"趋势之后:买一招",在运行了13周,出线长阴后,标出"趋势之后:卖一招"。短、中线投资者只要按趋势形态执行,股指都有一定涨幅,即可赚小钱!有缘的读者,按此法操作,你不会不赚钱。

图9-4 说明：600795 国电电力，周线图标出"趋势之后：买一招"处，是买进时机；在标注"趋势之后：卖一招"处，是卖出时机。

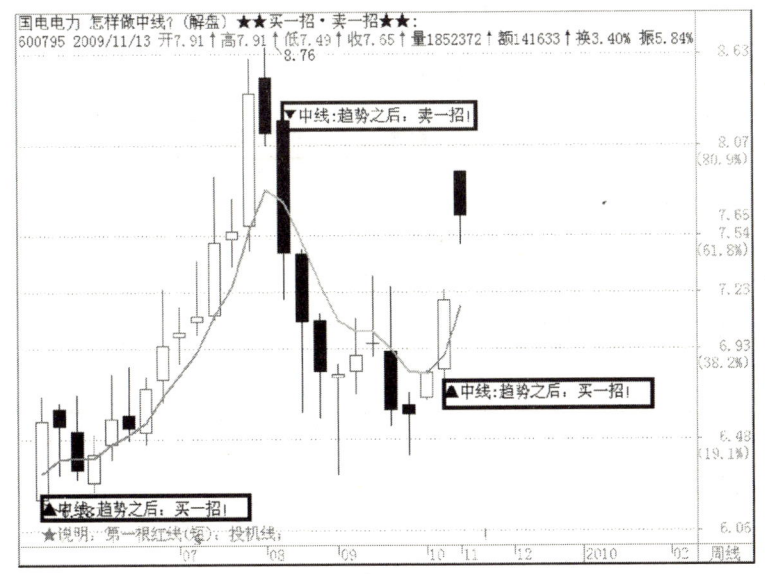

图9-4 "走在趋势后"中线操作法

图9-5 说明：600622 嘉宝集团月线图中标出"趋势之后：买一招"，这是买进时机，在标注"趋势之后：卖一招"文字处，是卖出时机。

各位读者，你们能从以上验证图中悟出点道理来吗？以上所有的"验证图"，都有一共同特点，就是趋势拐点会"说话"，正确执行"买或卖"，都会有不同程度的收益。

前面我列举了大量的图例告诉大家，世上万事都有规律可循，股市也不例外，长线就像四季的春、夏、秋、冬一样，中、短线就像早上日出和晚上日落一样，日复一日，周复一周，年复一年。不用急着进，只要做好准备，才能真正收获果实。

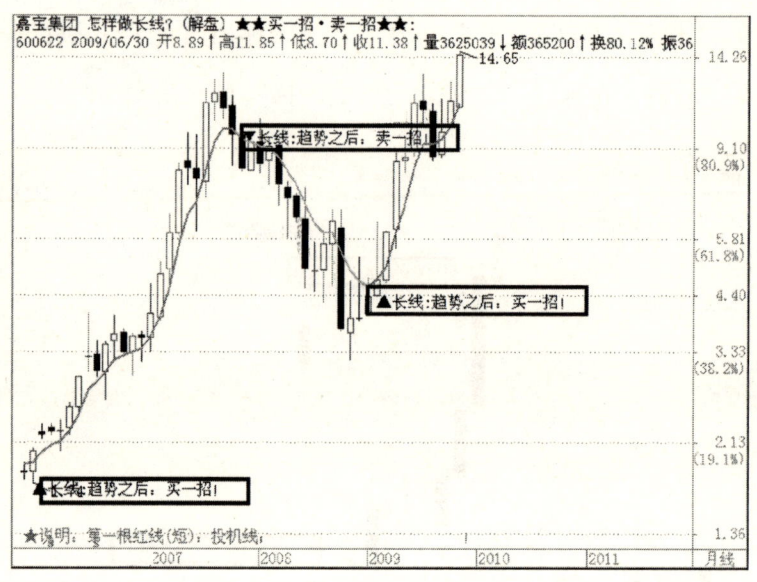

图 9-5 "走在趋势后"长线操作法

第四节

我的 23 个盘口绝技

一、看盘八绝

根据十几年的看盘经验,我总结出八条实战经验,供广大读者参考。

(一)跳空倍数法则

早盘高开或低开超过 5 个点的时候,如果在 10:30 还没回补缺口,则通常全天最大涨、跌幅是第一高点(低点)的倍数附近。

（二）三个"15分钟"量超法则

早盘高开或低开连续三个15分钟的量能不断放大或缩小，而且有持续的三个15分钟的阳线或阴线，就会出现全天上涨或下跌的走势。

（三）10：30高点法则

早盘前30分钟上涨或下跌超过15个点的时候，通常会出现三波的反向走势，但是如果没有放量就会在10：30左右见到全天的高点或低点。

（四）消息高开法则

早盘遇到消息高开或低开的时候，注意观察沪市集合竞价的量能：

1. 大于3亿马上追涨，全天涨；
2. 在0.7亿~3亿之间震荡回落，10：30，不过第一回落点，全天跌；
3. 10：30，过第一回落点，全天振荡上攻；
4. 小于0.7亿，直线回落，卖出。

（五）10：30倍量法则

在下跌的走势中，早盘到10：30的成交量如果没有上个交易日尾盘最后一小时成交量一倍的话，通常反弹的高度过不了11点，也不会有大的风云变化。

（六）减量反弧法则

早盘高开或低开不补缺口，在第一小时大涨后回落反上，如果第二小时的量缩，再冲高点累计量没有第一高点1.5倍，则通常第二高点是假高，当天会出上影线。

（七）开盘10：30量能经验法则

在第一天是涨（或跌）盘的时候，第二天保持原趋势，会不会逆转看10：30的量。

1. 第一小时涨幅是前一天最后1小时1.5倍当天为涨，跌是前一天最后1小时0.75量当天继续跌。

2. 涨小于0.75倍，第一低点就逆转，跌大于1.5倍同样逆转。

3. 在0.75~1.5之间，11点没有量超，11点就是逆转点。

（八）时间法则

1. 早盘在涨升的时候最容易见高点在10：15和11点，下午是1：45左右；

2. 涨升的连续性最重要在11：15左右，基本上这个时间点的方向是全天方向；

3. 早盘在下跌的时候关键时点一般在10：30、11：15和下午的2：10左右；

4. 早盘下跌的方向延续确认在10：30和下午2：30左右。

二、10点以后，九种分时形态应对技法

在10点以后，股市进入多空双方对搏阶段，除去开盘与收盘各半个小时，其余时间全为盘中交易，股价在盘中走势，无论是探底拉升、窄幅震荡，或冲高回落全部体现控盘主力的操作意图。盘中运行状态一般有以下几种形态：

1. 低开高走。盘中个股若探底拉升超过跌幅的 1/2 时，此时股价回调跌不下去，表示主力做多信心十足，可在昨日收盘价附近挂内盘跟进；

2. 平开高走。大市处于上升途中，个股若平开高走后回调不破开盘，股价重新向上，表示主力做多坚决，待第二波高点突破第一波高点时，应加仓买进；

3. 大市低位时，个股如形成 W 底、三重底、头肩底、圆弧底时，无论其高开低走、低开低走，只要盘中拉升突破颈线位，此时突放巨量，则不宜追高，待其回调颈线不破颈线时，挂单买进。其中低开低走行情，虽然个股仍在底部但毕竟仍属弱势，应待突破颈线时红盘报收，回调也不长阴破位时才可买进；

4. 个股低位箱体走势，高开低走、平开平走、低开平走，向上突破时可以跟进，但若是高位箱体突破时，应注意风险（当日股价走势出现横盘，最好观望，以防主力震荡出货）；若出现放量向上突破时，尤其高位箱体一年左右成交地量时，是高开或平开平走，时间已超过 1/2 时，委卖单变成委买单，出现箱顶高点价位时，即可外盘跟进；若低开平开，原则上仅看作弱势止跌回稳的行情，可以少量介入，搏其反弹，切勿大量跟进。此种事例较多，例如 2009 年 8 月中期头部时，许多次新股都形成高位箱体，有少量差价；

5. 大市下跌时，若个股低开，突破前一波低点，是主力看淡行情，有其弱势或有实质性利空出台，低开低走，反弹无法超过开盘，多是主力离场观望，若再次下破第一波低点，则应卖出；

6. 个股如形成三重顶、头肩顶、圆弧顶时，跌破颈线时应果断卖出，趁其跌破后股价拉回颈线处反弹无力时卖出；

7. 升势中，若高开低走，二波反弹无法创出新高，此刻若放出大量，在二波反弹高位反转时卖出，是主力利用高开吸引投资者追涨跟风借机放量、派发，可参考前期除权股的盘中走势操做；

8. 大盘趋弱，个股高开低走后，反弹无法翻红时，投资者宜获利了结，以免在弱势中高位被套；

9. 个股箱体走势往下跌时，无论高开平走、平开平走或低开低走，尤其在箱体呈现大幅震荡，一旦箱体低点支撑失守，显示主力已失去护盘能力，至少短线向淡，暗示一轮新的跌势开始，投资者应毫不犹豫斩仓出局。

三、开盘15分钟内捕捉当天黑马

在9：30开市前，通过集合竞价开盘时，我们都有几分钟的时间浏览大盘和个股，这是一天中最宝贵的时间，是捕捉当日黑马的最佳时刻。

因为能看出大盘开盘的情况（是高开还是低开），能发现个股是怎样开盘的，庄家的意图迹象，在这短短的时间内要作出迅速反应。具体方法如下：

1. 在开盘前，将通过各种渠道得来的可能涨的个股输入电脑的自选股里，进行严密监视；

2. 在开盘价出来后，判断大盘当日的走势，如果没问题，可选个股；

3. 快速浏览个股，从中选出首笔量大、量比大（越大越好）的个股，并记下代码；

4. 快速看这些个股的日（周）K线等技术指标，做出评价，再复选技术上支持上涨的个股；

5. 开盘成交时，紧盯以上有潜力的个股，如果成交量连续放大，量比也大，观察卖一、卖二、卖三挂出的单子是否都是三四位数的大单；

6. 如果该股连续大单上攻，应立即挂入比卖三上的价格更高的价（有优先买入权，且通常比您出的价低些而成交）；

7. 通常股价开盘上冲 10 多分钟后都有回调的时候，此时看准个股买入，能弥补刚开盘时踏空的损失；

8. 如果经验不足，那么在开盘 10~15 分钟后，综合各种因素，买入具备以上条件的个股更安全；

9. 在牛市中该法成功率几乎 90%，幸亏不是大家都采用，否则就失灵了！

四、通过技术信号寻找黑马

如何发觉大主力庄家介入？技术上有几种明显信号：

1. 股价长期下跌末期，止跌回升。上升时成交量放大，回档时成交量萎缩，日 K 线图上呈现阳线多于阴线。阳线对应的成交量呈明显放大特征，用一条斜线把成交量峰值相连，呈上升状。表明主力庄家处于收集阶段，每日成交明细表中可以见抛单数额少，买单大手笔数额多。这表明散户在抛售，而有只"无形的手"在入市吸纳，收集筹码；

2. 股价形成圆弧度，成交量越来越小。这时眼见下跌缺乏动力，主力悄悄入市收集，成交量开始逐步放大，股价因主力介入而底部抬高。成交量仍呈斜线放大特征，每日成交明细留下主力踪迹；

3. 股价低迷时，公布利空。股价大幅低开，引发广大中小散户抛售，大主力介入股价反而上扬，成交量放大；股价该跌时反而大幅上扬，唯有主力庄家才敢逆势而为，可确认主力介入；

4. 股价呈长方形上下震荡，上扬时成交量放大，下跌时成交量萎缩，经过数日洗筹后，吓退跟风者，后再进一步放量上攻。

散户没有主力庄家通天的本领，知道何时重组、能否成功，业绩如何扭亏为盈，拉高股价后又如何高比例送股，制造何种出乎散户意料不到的利好派发。散户发觉了大黑马，刚骑上，主力庄家就给你一个"下马威"，开始大幅洗筹，上下震荡，不愁你不从"马背"上掉下来。当散户纷纷落马，主力庄家挥舞"资金的马鞭"，骑着黑马飞奔而去。有时主力发觉有少量高手仍牢牢跟风，就会采取不理不睬该股，股价死一般的沉寂、牛皮盘整几天、十几天甚至数月，对散户进行"耐心"大考验。当又一批散户失去耐心纷纷落马，这匹黑马再度扬蹄急奔。这匹黑马的身份往往已远高于一些优质"白马股"，谁还敢坐等主力庄家抬轿？因此，散户只能通过细心观察，发觉有主力庄家介入"黑马"后，紧跟庄家耐心抓紧狂奔的黑马！

五、基本面选股

（一）寻找业绩预增公司

买股票就是买预期，上市公司的经营现状和未来发展是股价的基石。在业绩预增股中筛金，寻找业绩增长确定和高送配的公司，是投资的重要思路。

图9-6说明：002369卓翼科技上市后"多条均线"趋势向上，K线沿着5日、10日、20日均线上方运行。由于公司在2009年每股资本公积金0.001万元主营收入51693.81万元，同比增37.41%，每股未分利润1.214元，净利润：4970.53万元，同比增63.09%。所以股价从2010年3月16日上市后30元左右一路震荡上涨至2010年4月12日截图日止，股价已涨到42.00元左右，涨幅已达40%左右。

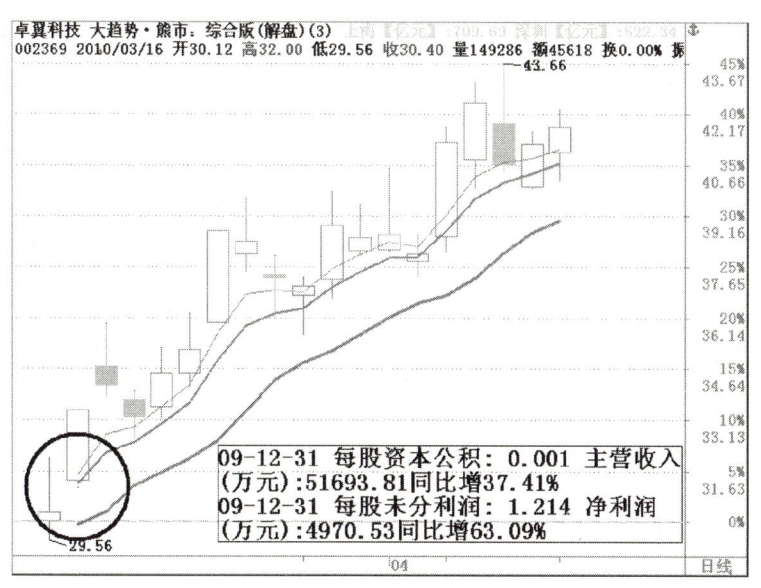

图9-6 对业绩预增公司股票的买入

(二) 寻找蓝筹板块

巴菲特曾这样说:"当一些大企业暂时出现危机或股市下跌,出现有利可图的交易价格时,应该毫不犹豫买进他们的股票。"据统计,2009年整个中小盘股的收益率是80%左右,而大盘股是50%左右,中小盘与大盘股之间出现了约35%的溢价,大盘股在大部分时间返魂乏术。但有人说,中小盘股跑累了,就会轮到大盘股登场了。无论从有关融资融券及股指期货推出看,还是从蓝筹估价优势看,大盘蓝筹早晚必有表现的机会。在大盘弱势时,择机潜伏部分估值洼地的大盘蓝筹也是一种策略,其中包括银行、石油、石化、天然气等板块。

回顾2009年的市场走势,大盘上涨超过70%,最高涨幅达90%以上。然而截至12月25日,上证综指跌幅超过2%的交易日多达30天,而在板块方面,有色、地产、军工、消费等板块更是在轮番表现,此起彼伏。而

2010年整体趋势疲软，多看少动，才是赢利的关键。

图9-7说明：601111中国国航在2010年一季度，由于公司在2009年中期利润不分配，09-09-30每股资本公积0.956，主营收入3645936.00万元，同比减-7.79%，09-09-30每股未分利润-0.024元，净利润381094.70万元，同比增572.79%。所以股价从2009年2月上旬的4.50元左右一路震荡上涨至2010年4月12日截图日止，股价已涨到14.60元左右，涨幅已达260%左右。均线系统每一次多头排列形成，K线都沿着"多日均线"上方运行。

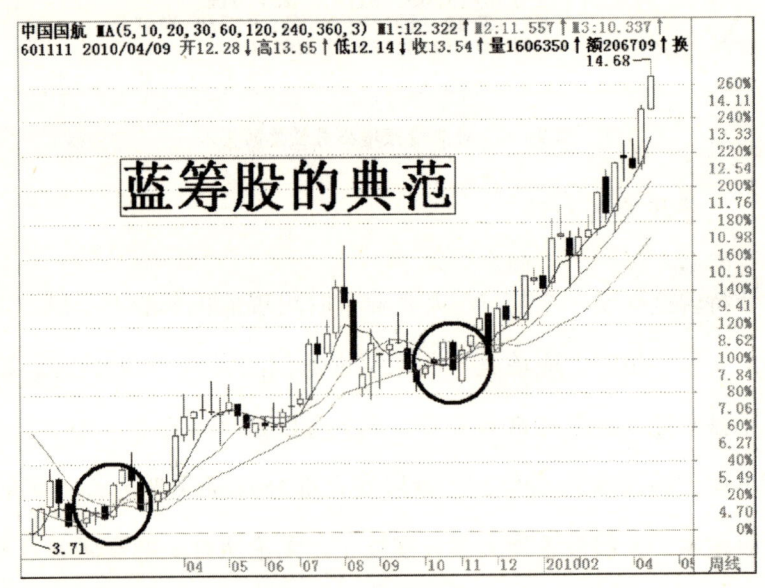

图9-7 蓝筹股投资

六、巧妙筛选涨停个股

涨停的时间：早比晚好，盘中最先涨停的比尾盘涨停的好。

1. 在全天交易中第一个封涨停的最好，涨停时间最好在10：10前。

因为短线跟风盘十分注意当天出现的机会，前几只涨停股最容易吸引短线盘的目光。在开盘不久就涨停，说明庄家是在有计划地拉高，受大盘当天涨跌的影响不会太大，如果该股票的技术形态不错，涨停往往能封得很快，且买单可以堆积很多，上午收盘前成交量会萎缩得很小，下午开盘时就不会受到什么冲击，第二天的获利也就有了保障。

2. 如果上午停牌，下午复牌后在1：15以前封涨停的也属不错。能在开盘不久封住，说明庄家有拉高的计划，由于短线盘已集中在上午的涨停板上，下午涨停板的吸引力相对要小一些。

3. 其他时间段涨停的股票相对差一些，对于涨停时换手率不大（如果是涨10%的股票，换手率要低于2%，如果是ST股，换手率要低于1%），分时图上股价走势较正常，没有出现尖峰情况，分时成交也较连续，没有出现大笔对倒，这样的股票还可以持有观看。由于涨停时间较晚，上午收盘前成交量不一定能萎缩得很小，下午开盘时，受到抛盘的冲击相对大一些，风险也相应大一些。在10：30至11：10涨停的股票，这种风险更大，经常会出现下午开盘后涨停就被打开的情况。下午2：00至3：00间涨停的个股，除非大盘连续阴跌后在重大消息的刺激下出现反转走势，或者是下午走强的板块中的龙头股（这时大盘必须处于强势中），轻易不要去碰。这时候的涨停是庄家尾市做盘，目的一般是为了第二天能在高点出货。加上上午和下午买进的散户获利很大，第二天的抛压很重。庄家在尾市拉高不是用资金去硬做，而是一种取巧行为，此时跟进，风险非常大。

4. 第一次即将封涨停时：换手率小的比大的好。

（1）在处于弱市和盘整市时，这一点尤其重要。理想情况是普通股换手率低于2%，ST股低于1%，在大盘处于强势时，换手率条件可以适当放宽，对龙头股也可适当放宽，但无论在任何情况下，不能超过5%，包括涨停被打开后又被封住的。这些对换手率的限定实际上也是限定当天已获利的买盘数量和表明当天抛压的大小，获利盘越少，抛压越小，第二天的上攻空间也就相应越大。

（2）个股形态：盘整一段时间后突然涨停的比连续上涨后再拉涨停的好；庄家仓位重的比庄家仓位轻的好。

对于庄家持仓太重的股票，首先必须看日K线，判断一下庄家的意图，再决定是否参与。在一般情况下，盘整后突破的股票是最好的，由于普遍的心理预期是突破后上涨空间打开，第二天的获利幅度会大一些。对于超跌反弹的股票，由反弹性质决定，高度预计要保守一些。连续上攻的股票，由于在低位买进的人随时可能抛出，因此，除非是在大牛市，追涨停时一定要小心。对于庄家仓位较重的股票，由于出货的需要，庄家常常在涨停后继续出货，这样才能降低仓位，所以反而相对安全些。

（3）如果大盘当天急跌，有涨停也不要追。在一般情况下，大盘破位下跌对庄家和追涨盘的心理影响非常大，庄家的拉高决心相应会减弱，追涨盘也会消失。庄家在没有接盘的情况下，经常会出现第二天立刻出货的现象，因此，大盘破位急跌时最好不要追涨停。在大盘处于波段上涨时，涨10%的机会较多，总体机会多，追涨停可以胆大一点。在大盘波段弱市时要特别小心，尽量以ST股为主，因为ST股和大盘反走的可能性大一点，5%的涨幅也不至于造成太大的抛压。

（4）第一个涨停较好，连续第二个涨停就不要追了。

由于短期内获利盘太大，抛压随时可能出现。当然这不是机械的，牛市中的龙头股或者特大消息股可视作例外。

（5）高开高走拉涨停的股票追起来安全些，最好开盘价就是最低价。

一是考虑K线组合，高开高走涨停说明走势极其强劲，更容易吸引跟风盘,第二天能走得更高。二是由于当天没有在低价区成交,获利盘较少,抛压出现的位置也会相应提高,从而留出更大的获利空间。

(6) 重大利好首次披露,拉涨停的股票较好(但得考虑股价是否已拉得很高,股价高就反映出这个利好)。

(7) 如果股价事先没有反映利好,一旦涨停,上攻力量会很强。即使股价事先已反映了利好,如果大盘条件较好,庄家往往也会拉出涨停,这时只要股票形态好、分时图漂亮,也有很大的获利机会。

(8) 龙头股的涨停比跟风股好;有同类股跟风涨的比没有同类股跟风涨的涨停股好。

大盘条件要相对有利,支持板块上扬。这种情况不仅容易吸引短线盘,还可以吸引中线盘,这时追涨停是最安全的。

(9) 分时图上,冲击涨停时气势强的比气势弱的好。

一是均价线。均价线开盘后应该保持向上,支持股价上涨;二是分时图上股价从盘整到冲击涨停,如果盘整区离涨停位的距离在5%以内,冲击涨停速度快较好,但如果盘整区离涨停位较远,最好不要一直冲向涨停,而是冲高一下再盘整,再迅速冲向涨停;三是分时图上的成交分布,上涨时成交量要放大,但要适当且较均匀连续。忌讳的是那种突然放量很大,一下又迅速缩小,说明庄家心态不好,也会引起追涨盘的怀疑;四是看委托盘。真要涨停的股票,一般显示出的买进委托盘不会比委托卖出盘大,因为庄家的真正买盘是及时成交的,看不见的。那种很大的买盘托着股价慢慢上涨的基本可以认为是庄家在出货,不能追进。

以上介绍的是怎样追涨停的个股,理论和实战是有区别的,供大家参考。

七、炒股稳赚不亏的简单方法

1. 只要你掌握好方法,你就能做到在股市里只赚不亏,或小亏大赚。首先入市前想好你买股票的资金,是否是短时间内不需要用它,也就是说它是暂时的闲钱。

2. 选好要买的股票,应是公认的好公司,在一段时期内,趋势必须向上。

3. 等待买入时机。

(1) 股市出现较大调整后,等待趋势向上;

(2) 个股出现较大调整时,等待趋势向上;

(3) 只买入 1~2 只股票。

4. 买入数量。

(1) 动用手中准备投入某只股票资金的 1/3 择时买入;

(2) 当天买入后,收盘前 5 分钟,如买入的股票又跌 3% 以上跌幅时,马上再补仓 1/3;

(3) 第二天收盘前,你昨天买入的股票,再跌 3% 时;将手上剩下的资金全部补仓。

5. 卖出股票。

(1) 当你买入的股票连续两天上涨,且每天有 3% 涨幅以上时,第二天早盘开盘半小时前卖出;

(2) 在你买入股票后,第二天突然放量暴涨,你的股票也有 6% 以上涨幅时,你要马上卖掉手中的股票。

永远记住:买股票时,一定要等该股的"各种周期的趋势形成向上后",再买进,反之卖股票时,要快。超短线:按 60 分执行;短线:按日线执行；中线：按周线执行。

这种方法是"吃鱼只吃中段法"，虽然赚钱不是最多，可能把一部分利润舍弃了，但是把风险也留给了别人。所以是稳赢的。

八、短线操作技巧

投资策略

（一）投资上升趋势启动形态的个股，盈利2%~3%就走

个股升跌由其惯性决定，处于涨势状态，短期定有一个惯性上升，当处于启动位置，惯性上涨概率大，但有时候巨量不涨、巨量少涨、浮码沉重都是限制其进一步上扬的关键因素，但一般涨2%~3%是有可能的，该类投资可少量参与。

（二）投资周线突破的个股，一般盈利10%~20%左右

股价通过长期的调整，调整到周线形成多头排列，并处于粘合一致的位置，若成交量极度萎缩或者有逐波放出的迹象，证明大的变盘就在眼前，这时获利盘、解套盘压力小，浮码轻，上涨比较疯，该类投资可重仓介入。

（三）投资成长绩优小盘股，一般盈利10%~30%

一波行情的启动，小盘股肯定会是一个热点，一个市场无论牛熊，成长股一定会受到追捧，通过企业财务分析，以及技术形态分析是可以找出此种类型黑马的。

（四）投资超跌股，一般可盈利5%以上

有些不是热点的股票，长期下跌，有一种跌不下去的感觉，若短期均线在30日均线下方形成金叉，并收一根启动形态的小阳线，证明大的反弹就在眼前，一般反弹目标为10日均线和30日均线。

（五）头、底形态及买卖法则：

头

1. 均线超买为头，即短期均线远离中长期均线而上为头；
2. 跳空均线为头，即股价跳空均线而上，均线并不助涨；
3. 均线死叉为头，即短期均线形成死叉，股价跌破均线；
4. 巨量不涨为头，证明盘子重，账户对倒明显；
5. 单边下跌，又无主动性买盘为头；
6. 均线空头排列为头；
7. 阻力位不盘整，并且不放量突破为头；
8. 在阴线的1/2下方出现一个小阳线，并且均线空头为头；
9. 盘整在前次平台的下方，并不明显巨量突破为头。

底

10. 缩量整理，均线突破为底；
11. 暴跌之尾若出现巨量下跌之后出现放大量上涨为底；
12. 放量之后下调，若出现无量即涨，并出现受短期均线支撑的迹象，为盘轻的表现，为底；
13. 均线金叉，并收探底阳线为底；
14. 均线多头排列，并收在短期均线的附近为底。

注意三种分析误区

1. 盘面分析的误区：

盘面中出现大手笔买单的个股有主力吸筹，但并不一定好吃，也并不一定会涨，主力吸筹，若资金量不予配合，形态不予确认，大盘不予配合，只能是主力自套。均线得到支撑，量能得到保证，并能持续放出，目标空间被打开，上升趋势初成，周线获得确认，这才是好股票。

2. 形态分析的误区：

形态分析可预测个股走向，但形态每天都在变化，今日的形态只能预测明日的K线，而无法预测日后的形态，股评失败、散户被套的因素就是因为太注重当日的形态，而忘记了形态的趋势演变。

3. 成交量分析的误区：

量能分析可预测个股是否有资金介入，但连续放量，往往会造成浮码的增加，巨幅震荡，K线实体变大，再配合巨量的出现是形成股价下跌的重要因素。往上突破必须具备均线走平的特征，另外，还必须具备创平台新高而且均线多头排列或者放量冲破均线，一般假如整理时极度缩量，而当天刚放量属有效突破，应等待有效突破后第二天再进场。

九、三招助你跑赢大盘

投资收益率能否超过同期大盘涨幅，一直是业内公认的判断投资是否成功的重要标准。但如何才能找到跑赢大盘的金钥匙？不少股民喜欢打探小道消息，有些股民则迷信炒股软件，以为通过炒股软件就可以选出黑马股，从而跑赢大盘。其实，就算真的能打听到利好消息，当散户听到时，股价也跑高了。要想成为一名成功的股民，最重要的是自己要做足功课，对市场和个股进行深入研究，从个股的流通盘、业绩、行业前景等角度进

行分析，做到心中有数。

具体来讲，笔者认为，采用三大战术可帮助你跑赢大盘。

（一）阵地战

此战术适合长线投资者，操作模式是选出一只股票后持有一段时间再卖出，而不是频繁换股操作（也就是不轻易转换阵地）。阵地战的难点在于选到表现好的股票，并且要在足够低的价位买进。

想喝到鲜美的蛇汤又不想被蛇咬，捕蛇的器具和时机很重要，在蛇冬眠的时候捕蛇，相对来说是最安全的。具体到长线投资的策略，就要选那些在经济增长周期中能充分分享经济增长"蛋糕"的行业。选好行业后再纵向和横向进行比较，选出行业中的佼佼者。至于买点的选择，最好是在一轮熊市的尾声。当股价跌到历史低位，接近甚至跌破每股净资产，绝大多数人都已谈股色变，这时买股票是最安全也是最划算的。而当市场亢奋，市场平均市盈率在50倍左右，连一些平时对股市不闻不问的人也开始炒股时，就是长线投资者离场的时候了。

（二）地道战

此战术比较适合波段炒手，要点在于"埋伏"。有些股民不想那么频繁地做短线，又受不了长线投资的漫长等待，就可以采用波段操作的方法，埋伏在一些做平台整理的股票中，等待主力拉抬股价坐一回"轿子"。也可以选择那些走出上升通道的股票，待其股价出现阶段性回调时埋伏进去。

地道战的优点是相对安全，缺点是会耗费较多的时间去等待，不像短线炒手那么来钱快，而且万一主力不拉抬股价反而跌破平台的话，会觉得很郁闷：守株待兔那么久还是没赚到钱。从经验来看，埋伏于那些做平台整理的股票，还不如买那些处于上升趋势、股价还没有快速拉升的股票。

（三）游击战

此战术适合于短线炒手，要点在于"打一枪换一个地方"。采用游击战术的股民，打得赢还要跑得快，打不赢的时候更要跑得快，一个"快"字便是短线交易的精髓所在。

短线交易最注重操作的成功率，一般来说，10次操作有8次赚钱就可以称得上是一名成功的短线炒手，因此提高成功率很重要。而要提高成功率，就不要去碰那些最近一年的K线图上经常出现骗线的股票，最好是买那些属于主流板块、有大资金运作的股票。

以上介绍三种炒股方法，长线、中线、短线，哪一种对你有用你就用哪一种。

十、确定卖点的三种方法

"会买的是徒弟，会卖的才是师傅"。这是俗话，也是真话。卖股票是最难的事，而且更重要。一般来说，投资者可以把握以下几点：

（一）股价前期阻力位

这是指当股价接近前期阻力位时，如果不能再增动量，则跃过此阻力位的难度会非常大，投资者不妨出局或减仓。股价运动过程中，每次高点的形成都有其特殊原因，而这一高点一旦形成，将会对该股后续的股价运动产生极为重要的作用，一则是该点位附近被套的筹码在股价再次运动至此时会产生解套要求，再则是股价行进至此时投资者会产生心理上的畏惧，获利回吐的压力也随之增加。因此，如果前期阻力位，特别是重要的阻力位没有被有效突破的话，或者投资者此时对股票的定价存在疑惑的话，则可以考虑减仓，如果正好处于市场的高点，则有出局的必要。

（二）大盘是否见顶

大盘处于升势时买股票赚钱的概率远远超过大盘处于盘势或跌势时，如果大盘见顶，则差不多90%的股票都会随之下沉。故判断大盘是否见顶是考虑是否卖出股票的一个重要指标。按这种方法操作有几点需注意，一是对大盘的见顶迹象和信号能有一定把握，其次要承担另外不随大盘表现的10%股票此时继续上升的风险。

（三）股价升幅是否达50%或100%等

投资者也要关注一下大盘或个股的涨幅是否50%或100%或更高。也要有魄力的勇气去追升幅很大的强势股，有几点特殊之处要注意：

1. 这一方法不是所有股票都适用，一般用在强势股上更为有效；

2. 股价升幅很大个股，追涨点需要小心处理。如果不能很好把握，最好不要使用该方法，否则，会误导自己或别人。

除了上述的两种方法外，有经验的投资者还有其他很有效的方法，如指标法，该法既可用于日线，也可用于周线或月线；平均线法，看股价是否跌破某一均线；顶底背离法，等等。

十一、暴跌中的操作要领

1. 总结历史上真正的暴跌行情可以发现，这是下跌速度非常快的时期，如果投资者过早抄底或抢反弹，往往会使自己在短期内遭受重大损失。

2. 弱市中的短线热点往往持续性不强，昙花一现后随即沉寂，如果投资者疲于奔命地追逐短线热点，就很容易将有限的资金全部消耗掉，等大盘回暖时将无法把握新的和更有价值的投资机会。

3. 投资者对于暴跌需要运用反向思维。连续快速的下跌是空头能量的集中释放，跳水式的下跌对于后市未必是件坏事，过度的下跌往往是股市形成转折的前奏，投资者不要因为过度悲观而采取不理智的盲目杀跌行为。

4. 因此，针对暴跌行情的市场情况，投资者要坚持操作上的六不原则：不预测底、不抄底、不摊平、不急于抢反弹、不追逐短期热点和不盲目杀跌。

5. 暴跌中的心态调整，在连续的快速下跌行情中，投资者很容易产生一些不良心态，进而影响自己的操作，导致投资失误，这些都需要加以克服。

6. 面对连连下跌行情，惊慌失措不仅于事无补，反而会因为盲动而进一步扩大损失。仓位较重的投资者在跌市中亏损较大，如果现在采用不计成本的抛售、增加操作频率或投入更多的资金摊平等方式，不仅不可能迅速实现扭亏，反而会使投资者陷入一种连续操作失误的恶性循环中。

股市不可能一直上涨，投资也不可能百战百胜，偶尔出现失误在所难免。投资者在处境不利时，需要及时认错并纠正。不能顽固地逆势操作，将小的失误酿成大的损失，更不能将短期的盈利变成长期的被套。

因此，在持续下跌行情中，投资者在心态上要保持六不原则：不恐慌、不悲观、不急躁、不犹豫、不顽固和不赌气。

十二、抢反弹要诀

行情假设来了该什么办？这对于新手而言是个难题。每当盘面的节奏变化很快时，对于新手来说只看到了盘面上涨幅榜，而忽略了一些潜在盘面变化的风险。比如上午的盘面还是风和日丽，抢反弹的资金热情高涨，盘面上题材股和超跌股在游资推动下节节攀升，涨停家数也在同步扩大，而下午风云突变，如有些创业板上市第二天几乎全部跳水，封死跌停，击碎了参与者的信心。大盘的快速变动，对于新手是一种折磨。买了就套，割了就涨，把心折腾得七上八下，眼看涨停板见多，心里干着急选不到好股票，那滋味真是不好受。下面我提供一个思路，不一定适合每个人，供大家参考。

1. 大盘经过连续下跌的时候，新手切记不要追涨杀跌，要紧盯盘面看领涨的股票是属于哪种类型，如果是超跌股或题材股，那最好保持观望。如果是主流（人气，指标）板块中的股票启动那就要提高警觉。例如：2009年11月2日创业板300022吉峰农机：冲击涨停，那么这个时候直接积极参与它的反弹，风险不大，尽管次日走势不乐观，收了一个十字星，但有惊无险，依旧有脱身套利机会。

2. 当新手错过了最佳抢反弹时机的时候不要慌，别总看着涨幅榜和5分钟快速涨幅榜惋惜，而是耐心寻找尚处低位没有启动的股票进行布局，等待补涨。大盘一涨，如果是个小反弹，次日行情终结，又重回震荡走势，那短线就很容易吃套。所以逢低布局，不追高是最简单，也是最安全有效的防御办法。保住本金要放在首位，要赚安心的钱。总结一下就是见反弹出货，不追高，逢低布局耐心等待下一波行情到来。

3. 新手通常都是行情来的时候被亲朋风光的赚钱演说忽悠进来的，开完账户后就盲从操作，这样是很被动的。赚了也不清楚为什么赚钱，亏了也不晓得为什么亏了。来去都是稀里糊涂。当亏损逐步增大的时候，心理承受能力开始发生改变，情绪由热情高涨，转为心灰意冷，才知道股市不是传说中的提款机。这里有个最简单的办法，那就是在公开的信息中寻找短线作战良机。例如：股指在低位的时候，有机构开始建仓的股票你也可以跟着操作。你可以去搭顺风车。那么见大盘反弹就买这类有信息刺激的股票，胜算也会很大。

4. 当大盘反弹的时候，要有清晰的操作思路。通常行情初期，超跌股永远是先锋，券商股紧随其后，含送转股垫后，指标股只能撑住大盘。股市抢反弹的步骤万变不离其宗。

十三、防套绝招

证券市场受各种因素影响潮起潮落，在一些不可预测的突发消息的刺激下，股价异常波动，出乎投资者的预料之外。常有这种情况，投资者买入的股价不仅没有上涨，相反却大幅回落。套牢几乎是每个证券投资者都会遇到的棘手问题，那么，该怎么办？

1. 事先预防高位套牢远比事后绞尽脑汁解套高明。

投资者买入股票前一定要三思而行：什么理由买入这只股票？买入这只股票是短线、中线还是长线？买入这只股票预期它升多高就出手？买入这只股票如不升反跌，跌多少准备认赔离局？只有对这些问题经过全面评估后，才决定自己投入资金的多寡、做好充分准备，这样投资起股票来就不会显得盲目，即使套牢也不会恐慌，坦然面对，冷静处理。

2. 不怕错，只怕拖。

投资股市，判断失误难以避免。入市买入股票被套牢后，首先不必恐慌，冷静分析自己买入的股价是属于历史的新高水平，还是中间水平，或者是在底部区域？当发觉自己买入的股价处于上升很长一段时间的高价位，应及时果断认赔卖出，减少亏损。投机市场不怕犯错，只怕投资者明知犯错，不肯认错，拖延等待股价回升，结果导致股价越跌越多，亏损越来越大。

3. 不少股民朋友在高位认赔，卖出股票后，反败为胜心切，马上又买入另一些股票，往往再一次套牢。既然在高位卖出，股价必有下跌的空间与时间，这时要克制自己急于"赚回本钱"的急躁心理，耐心等待下次入市良机。高位卖出股票后，该股跌得越多，对抛出该股的投资者越有利。虽然被套的投资者亏损卖出，但当该股跌幅达到20%、30%或更多，这时投资者以先前认赔离局撤出的资金再度买入这只股票，由于价格便宜，可以买入更多数量，一旦该股稍有上扬，很快便能把原来认赔离局的亏损弥补过来，若该股继续大幅上扬，投资者自然就反败为胜了。

以上几条防套措施供大家参考。

十四、如何对待套牢的股票

作为投资者，必然会碰到的一个问题就是自己买入的股票被套？不少投资者往往羞于承认自己的投资过失，把自己投资获得的战果四处宣扬，"走麦城"的经历却羞于出口。其实，这有点像赌徒心理，投资出现损失，这是很正常的现象，就连投资大师也很难回避，据资料显示，很多国际投资大师买完就套的次数，多于买了就涨的次数，甚至很多技术派大师失败的买卖交易，多于成功的买卖交易。然而他们最终成为投资大师的奥秘是什么呢？谜底就在于他们处理套牢的股票的方法和我们一般投资者处理的方法不一样。

1. 投资不成功往往不在于选股，很有可能是操作上的问题，或者说得更明确一点，是对被套个股的处理问题。

投资大师的账户上之所以能取得骄人的收益，因为他们能冷静客观地对待手里的股票，勇于承认和纠正自己的失误操作。有一句话，叫做"市场总是正确的"，尤其是对运用技术性投资的人来说，市场因素更不是自己能主观控制的，一旦趋势的发展背离了自己原先的判断，就要当机立断，进行止损处理。他们的交易记录显示，账户的收益往往主要来自于少数非常成功的操作，而大多数不成功的操作都在亏损进一步扩大之前就被果断地处理掉了。

2. 很多投资者的做法恰恰相反，手里的股票出现了亏损，就一心希望它能反弹到自己的成本价以上解套，我常常听到的一句话是"我这个股票是 XX 元钱买进来的，还能不能回到这个价格"，结果一直捂下去，越套越深。殊不知市场是不会记住你的成本价的，你必须立足于当前市场，重新判断这只股票的趋势到底是不是发生了变化，是不是还值得继续持有。

如果通过研究，您认为这只股票仍然有恢复上涨趋势的可能，您将面临两种选择：

1. 追加资金补仓以摊低成本；

2. 如果有较大的盘中震荡空间，可以通过 T+0 的方式做短差来摊低成本。

十五、2：30 尾市操作绝技

尾市理论是一个炒短线的极佳理论。在股票市场与期货市场，波幅最大的时间就是临收市前近半小时左右。机构与大户最爱在这段时间兴风作浪。

尾市现象有如下意义：

临收市前，突然有好消息传入，会刺激购买意愿。但已临近收市，买方全力买入也买不到多少，一到收市就要等到明日开市才可以再购买。

第二天一开市，昨天尾市的购买欲，将会集中体现于一开市。短线市场笼罩着利好消息和乐观气氛，所以往往头天尾市扫货收场，第二天一开市多数亦会出现高开继续扫货现象。

相反，如果有一日尾市有一些坏消息，以致于人心惶惶，个个争先恐后，你卖我也卖，实在来不及卖，明日上午再卖。

这些恐惧的心理会持续，第二天一早开市，大都会是"低开"，一开盘就能见到出货景象。大家唯恐手中股票越跌越凶，快人一步在相对高价卖出，加重损失。也就是说，今日尾市有利空消息，第二天开市一般是跌市。

尾市理论告诉我，今日尾市有消息，效应会延续到第二日一早。这是一个十分合乎逻辑的推论，笔者做过一些统计研究，发觉这个理论准确性程度十分高，是一个炒超短线股票的可取策略。如果今日尾市有消息，理论上就应该立即采取行动，买卖股票。今日尾市采取行动，譬如在尾市好消息之下买入，明日在利好消息仍然发生效应之下，趁高开之机，立即平仓，会有获利。

当然世事并非一成不变，尾市利好消息，使尾市狂升，如果收市之后证实是"流言"，明日可能股市期市会面目全非。但只要持之以恒，长期运用尾市理论，赢面是肯定的。

不过最后要向各位读者说一句，千万不要太贪。如果昨日尾市升时你入货，今日高开，根据理论就立即要获利回吐，不要希望市势不断上扬，因为到今日尾市又可能有坏消息流入市场。用这个理论只做隔夜市，无论

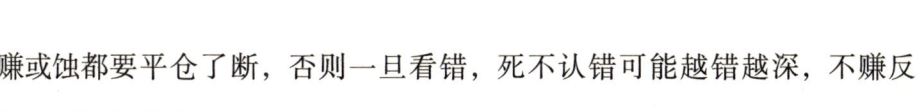

赚或蚀都要平仓了断，否则一旦看错，死不认错可能越错越深，不赚反蚀，而且越蚀越心寒。

十六、亏损是怎样造成的？

股市存在着明显的涨跌周期，它可以涨得过高，也可以跌得过低，而一个循环周期短则数年，长则十几年。正是因为股市循环周期实在太长，大多数人不知道，也不想对此进行了解、考虑，只想短期内从股市中捞一把。正是这种心理造成了大多数投资者的亏损。下面，我就几种造成亏损的常见行为进行剖析，以便读者吸取教训，避免重蹈覆辙。

（一）波段并非人人可为

表面来看，波段投资高卖低买，似乎收益更高，其实不然。如果投资者心里总想着寻找低点、高点进行买卖，或许可以在市场震荡期收获较高收益，但市场并不总是上下震荡。这类投资者总会在牛市初涨阶段有所盈利就卖出股票，而后再也没有机会以更低价格买进；失去股票后又禁不住暴利诱惑，以更高价买进，但因成本提高患得患失，稍有利润又会卖出，等待股价回落；然而牛市中股票上涨的概率远远高于回落，结果又不得不再次以更高价格买进股票。在整个牛市中，这类投资者往往只能收获指数涨幅的30%左右。

当市场陷入熊市后，股票价格越来越低，投资者没有机会获利以卖出股票，结果越亏越多，最终亏损幅度常常不比指数低。一轮涨跌周期过后，该类投资者因在牛市中赚得少，熊市中亏得多而投资失败。这类投资者亏损的根源在于自以为聪明，相信短期行为能赚大钱，不懂概率论，不知昂贵的交易费用累积可以蚕食资金，不知短期投机行为是和为负的游戏。

（二）被牛市蒙蔽败北

这类投资者往往在牛市初期保持观望态度，发现众人开始赚钱后，投入少量资金炒股。由于牛市中几乎一买就赚，该类投资者尝到甜头后会加大资金投入，而此时市场已经有了很大涨幅了，开始进入牛市后期。市场开始疯狂，任何毫无价值的垃圾股也可以暴涨。该类投资者会认为炒股来钱最快，甚至以为自己就是炒股天才，从而将所有的流动资金，甚至借钱或将固定资产抵押获取资金投入股市。他们可能会开始赔钱，也可能会赚得更多的钱，因为牛市什么时候结束是不可预测的。他们不会罢手退出，因为赚钱太容易了，开始幻想自己会很快成为富翁。

盛宴终于结束了，投资价值被远远高估的股市开始暴跌，这类投资者损失巨大，成为股票市场的最大输家。因为在牛市的主升浪中，他们以小资金赚钱，市场进入熊市后，他们则以大资金亏钱。该类投资者失败的根源在于只见树木不见森林，不识股市存在着涨跌周期，不知熊市的巨大杀伤力。

（三）迷失于牛熊转换间

一部分有经验的投资者确实能够在股市行情的全盛时期认识到风险，但他们不会离场。他们会认为，现在行情这么好，不赚白不赚，等熊市来了再跑也来得及。也有些理性的投资者认为只要不贪心，赚些钱后早点离开，就不会被套在熊市了。他们的错误在于没有认识到，行情变幻无常，转折点是难以预测的，人们总是在不知不觉中陷入熊市和牛市，所谓的熊市和牛市只有在事后才会被看清。

在熊市的初跌阶段，这类投资者会以为是市场的正常调整，相信股票还会再涨上去的；当股市一跌再跌、屡创新低后，他们终于醒悟过来，知道熊市来了，但已经太晚，因为股市已跌幅过半，账户资金已被腰斩。同理，在牛市的初涨阶段，这类投资者会以为只是超跌反弹，当市场上涨一倍以上，甚至创出历史新高后，他们才会认识到牛市已经来临。这就是为什么牛市赚小钱，熊市赔大钱的道理了。

十七、怎样才能达到投资的最高境界？

很多投资者可能会想，要达到投资技巧的最高境界，一定有什么奇招妙计。可事实上，投资技巧的最高境界就是：听市场话，跟上升趋势走，除此之外没有其他技巧。有的投资者可能会感到奇怪：没有技巧如何能在股市中赢利呢？

其实，很多在股市中成功的人士不是靠一时的小技巧赢利的，而是通过正确的投资理念保持稳定收益的。而股市中的很多投资者学会了"十八般武艺"，每日里全天候操作，买进卖出忙得不亦乐乎，却并没有成为一代富豪，甚至亏损累累。这已经说明，投资技巧的最高深技巧就是"听市场话，跟上升趋势走"，也就是能够超越一般的技巧，凭借着正确的投资理念来获取长期稳定收益方法。

（一）简单最好

股市赚钱方法就是"买一招和卖一招"，如果你能把这"一买一卖"做得恰到好处，你就是股市大赢家。

投资者常常将简单的问题复杂化，其实，简单的就是最好的。

"最赚钱的股经最简单"，最简单的炒股方法就是：会"买一招及卖一招"。

（二）熟能生巧

我运用自己最熟悉的"太阳理论"叫日出而作，日落而息，在自己最熟悉的市场环境投资自己最熟悉的股票，这是最容易获利的方法。对那些"故弄玄虚"、"花样翻新"或者属于"雾中看花"类的所谓绝技、绝招，则最好不要去碰。

股票和人一样，每种股票都有各自的性格。投资者长期炒作某只股票时，往往能十分了解其股性。即使这只股票素质一般，表现平平，熟悉该股股性的投资者也能从它有限的波动区间中获取差价。但如果某只股票外表一时极为光鲜，投资者贸然买进后由于不熟悉该股股性，在它调整时不敢补仓，在它稍有上涨时就急忙卖出，即使这是一匹黑马，也很难从中获得较高的利润。

（三）不犯两次同样的错

在股市中，没有不犯错的人，但一定不要被同一块石头绊倒两次。多数投资者往往要被同一块石头绊倒多次，这些投资者的才智能力是不用怀疑的，但如果失败的次数太多了，就需要反省和改改原来的习惯了。

总结经验教训可以发现自己的弱点所在，同时也为自己在股市中找准了位置，便于自己在合适的时机选择合适的方法实施合适的投资策略。成功的投资者在失败之中善于总结教训，能够静下心来解读和认识中国股市，避免重犯错误。

十八、实战时必须掌握的三个纪律

我们所做的一切分析准备工作最终都将落实在临盘实战上，所以需要几种高胜算的操作方法来执行，而我的目标就是潜在的黑马或是牛股。这里我对黑马和牛股做一个定义，把上升第一拐点的低点定为零点，以零点算起，所谓黑马是指 10～40 个交易日内上涨 100% 以上的突破阻力位后回调不大于 10% 的个股、带量顺势调整或小于 45 度角突破的暴涨股，牛股是指 3～12 个月内上涨 100% 以上走缓慢上升通道的个股。

1. 相对低位操作

在大盘运行的不同阶段，个股的相对低位股价构成原理是不同的，低位的确定是一切操作的基础。比如，市净率小于 1.5 倍就是安全的可操作价格区域。相对低位是指可操作价格上下 30% 空间以内，此阶段应以满仓现价交易为主。具体是在可操作价格出现后半仓进入，在零点确认后满仓，必要时可以高挂狙击涨跌停板。此时不提倡所谓的高抛低吸，以免变成低抛高吸，因为满仓等待获利是唯一目的。此阶段的目标股首选多波大形态整理完毕和历史走势大气完美有规律的"三暴"股；其次是缩量运行内部子浪清晰完整的个股。选择这类目标的前提是运行速度最快或累计跌幅最大的处于领跌或领涨板块中的技术信息最多而价格最低或流通市值最低的个股。

2. 相对中位操作

中位是指零点之上 40%～70% 空间，在这个区间个股已开始分化，黑马和牛股已经可以清晰地分辨，此时应结合自己的个性和操作理念及时调整持仓，这个阶段也是最考验实战功夫的时候。此时操作黑马股应把历史走势、短期时间之窗、资金进出及获利率等综合因素，与现价和阻力区的位置关系结合起来，在拐点信号得到确认时采取全仓一次性进出的操作方法。操作牛股应以半仓资金在价格重合带之上或之下的第二或第三上升拐点于量缩时介入，无须助跑就放量突破时将剩余半仓补齐，等待下一个高点或阻力区的到来，届时采取半仓出局半仓持筹的方法，来应对可能的头部或再创新高。在中位区还有一种牛股和黑马的混合变形体，就是空头陷阱形成后或直接放量上攻导致上升速度和角度改变的有黑马相的牛股，同样值得操作。

3. 相对高位操作

高位是指零点之上80%～100%以上的空间，在这区间有的股票已经开始做头，有的股票在高位突破阻力位后还能再创新高，所以我们要及时发现究竟什么样的调整方式才是能够再创新高的信号。调整的方式和具体形态多种多样，我们关注的重点是调整的时间、角度和幅度，即时间最短、调整角度上倾或下倾角度小、调整幅度小和下倾角度大、调整幅度大的股票为最佳备选品种。

首选信号是调整时间少于5个交易日的带量做顺势调整或旗形整理后第一根大阳线就巨量涨停的目标；

其次是发生在重要的价格回调带和资金成本带上各种整理形态支撑线上的巨量涨停；

再次就是整理形态内部子浪清晰完整的压力线上的巨量大阳或涨停突破。相对高位操作实际上是在搏最后的升浪，所以应采取半仓一次性进出的操作方法，尽量不要继续追加仓位，具体操作就是出现信号的当日及时介入，在预先计算的阻力区内滞涨或阻力位被验证后卖出。

十九、为什么要右侧交易

右侧交易有三种情况。

第一种：在股价上涨时，以股价顶部为界，凡在"顶部"尚未形成的左侧高抛，属左侧交易，而在"顶部"回落后的杀跌，属右侧交易。

第二种：在股价下跌时，以股价底部为界，凡在"底部"左侧就低吸者，属左侧交易，而在见底回升后的追涨，属右侧交易。

第三种：有时同样一个价位，却有左侧交易与右侧交易之区别。

图9-8说明：300015爱尔眼科，日K线，2010年1月15日~2月3日属下跌阶段，是典型的左则交易，你能赚钱吗？反之从2010年2月4日~3月31日属上升阶段，是典型的右则交易，你能不赚钱吗？

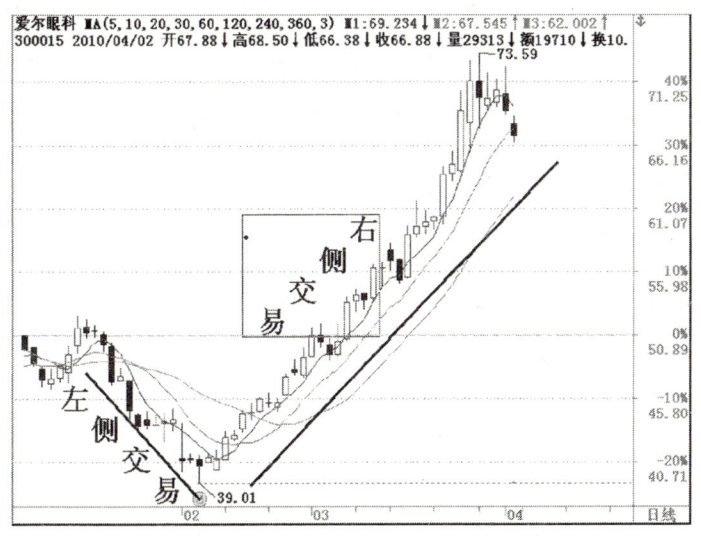

图9-8　2010年一季度交易图

左侧交易是业余水平标志，而右侧交易是专业水平证明。左侧交易（高抛、低吸）中的主观预测成分多，右侧交易（杀跌、追涨）则体现对客观的应变能力。

专业高手只做右侧交易，也不追求"抛在顶部、吸在底部"。对右侧交易的重要性，除了须有上述认识之外，更需要经过心理性格上的训练，方有可能做到。

二十、洗盘有几种方式？

主力为了减少市场浮筹，减轻上涨压力，在拉升过程中一般会有洗盘动作。一旦短期乖离过大，说明跟风盘获利太多，需要洗盘。成交量持续放大说明市场浮筹过量也需要洗盘。归纳起来洗盘有三种基本形式：

1. 向下打压洗盘。向下打压洗盘最能达到洗筹目的。由于股价下跌，跟风盘害怕到手的利润失去，甚至因此反遭套牢，所以常会恐慌抛出筹码。这是主力在攻击普通投资者的心理弱点。这种情况一般出现在主力初次拉高后，或者控盘能力较强、后续拉升时间比较充足的情况下。打压洗盘在图形上表现为三角形缩量下跌。

2. 横盘震荡洗盘。主力将股价拉到一定高度后展开横盘震荡而不再拉升，由于跟风盘害怕失去到手的利润，再加上对股价后市运行方向无法把握，已经盈利的投资者采取落袋为安的策略，没有获利的投资者微亏出局不想浪费时间而抛出筹码。这种方式一般在优质股票或者热门题材股票中，因为主力一旦向下打压股价，很可能打压出去的筹码变成打狗的肉包子有去无回，因此只好通过以时间换空间的方式洗盘。

3. 边拉边洗。主力如果控盘不足，或者实力较强，或者发动行情的时间比较紧迫的话，便有可能采取边拉边洗的方式洗盘。主力每天采取盘中大幅震荡的方式，吓出胆小的跟风者，同时采取阴阳相间的K线组合形态，不断抬高底部，吓出胆子较大的跟风者，从而边拉边洗或边增仓。其图形表现为均线系统不断多头发散，K线阴阳交错，成交量有规则缩放。

图9-9说明：600000浦发银行，日K线，2010年2月下旬至4月上旬主力洗盘方式。

洗盘结束的标志，是日均趋势线拐头向下，分时交投较前面走势明显

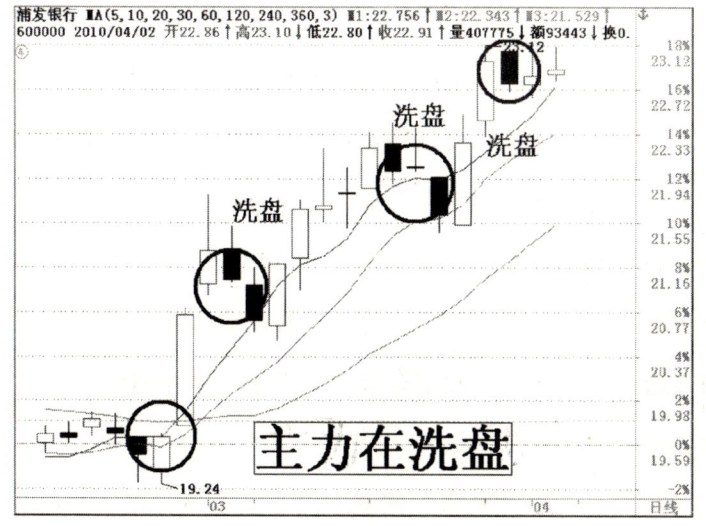

图 9-9 2010 年 2-4 月洗盘图

不活跃，这说明短线获利盘或者套牢盘已基本出局。留下的都是对该股后市坚定看好的投资者，他们不为前期的涨幅而满足，也不为股价的震荡而恐慌。主力对这些坚定持股者无可奈何，最后只好让他们享受以后股价大幅上涨所带来的收益。只要大盘上涨趋势尚好，个股还处于上涨行情初期，主力还没有明显撤离迹象，那么投资者就不要被主力洗盘伎俩所迷惑，要敢于持仓，享受主力抬轿的快乐。

当然，如果市场已经形成明确的下降趋势，上述三种方式就极有可能是主力出货的手段了。所以，投资者应区别大盘所处的阶段，仔细辨别，切莫将出货当洗盘。

二十一、如何早日成为内行？

新的投资者正在不断加入到股票市场中来，在向上大趋势形成后，基本上都是出乎意料的顺利获利，但这种趋势不会一直延续下去。当一段超跌后的大涨行情趋于缓和之后，新投资者要做的应该是静下心来重新审视

这个市场,力争使自己尽快成为内行。也许内行最终不一定都成为成功者,但不是内行就肯定成不了成功者,而且更主要的是内行具备超强的市场生存能力。股票投资是一项长跑运动,现在的顺利获利仅仅只是万里长征的第一步,必须做好迎接雪山草地的准备。

1. 由于股票投资从根本上来说是一门不确定的学问,所以就没有一种绝对的方法可以保证投资者获利,对一般投资者而言,要想成为内行也就没有一定的途径。当你明白股市有规律,再按"太阳理论"操作,你很快就会成为内行。

2. 成为内行首先必须具备一些基本的心理素质,这些素质并不是每个人都天生具备的。比如我们前面提到的不能着急、要理性等等,这些看似简单的道理即使对于一些老资格的投资者来说都可能没有做到,或者说还没有意识到。其次是做一些技术性的准备,比如K线图上各种数字和图形的意义,买卖交易的规则等等。再次是建立适合自己的投资程序,选择适合自己的投资类型。最后是掌握适合自己的买卖决策方法,这其中包括中、长线的基本面和短线的技术面。

3. 基本面是整个股票投资的基础,它涵盖了市场的大环境和上市公司的小环境,可以说基本面决定了整个投资群体的收益状况,尤其是当投资者个体参与的资金越来越多时,基本面会显得愈加重要。不过对于资金较少的新投资者来说技术面的准备工作会显得更加迫切一些,因为基本面只会对中长线收益产生影响但不会影响短线收益。所以如果投资者希望在股票市场上有所作为的话就应该充分利用自己资金少的特点紧扣技术面,争取在尽可能短的时间内让资金增值,将本金做大。只有当本金达到一定规模以后才有可能来探讨长期投资致富的可能性。也正是因为技术面的重要性,必不可少地用较多的实例来阐述量价形态分析的原理,并为进一步运用细节分析方法打下扎实的基础。

二十二、跟着趋势走，别跟朋友走

这条规矩的简单解释就是：别跟着朋友买股票或卖股票，要按市场指令来买卖。我在交易大厅常常听到："你今天进了什么股票？我参考参考。"每次听完我都觉得好笑，因为它总让我想起三个瞎子走路，一个在前探路，两位瞎子跟着。而三位眼睛好的行人往往是排成一行走，你走你的，我走我的，还方便聊天。

一位真正懂炒股的人通常不愿别人跟着买，因为你可以跟我买，但我要卖的时候你可能不知道，结果可能害了你。如果卖股票时还要记着通知你，心里负担多大。亏的话怎么办？

股票波动从来花样百出，它在跌的时候，总会不时给你个小反弹，给你一线希望，让你觉得跌势已开始转头。股票重新下跌，你原来的希望破灭，准备割肉放弃时，它又来个小反弹，重新把你拴住。开始小小的损失，经过几个这样的来回，变成了大损失。这就是已学会"止损"的股友还会亏大钱的原因。

止损的概念不要只体现在你的本金上，也要包括利在内。10元买进1000股，花了10000元的本，升到15，你手头就有15000元了。别把5000元仅当成纸面利润，不信的话就把股票卖掉，存入银行，看看多出的5000元是真钱还是假钱。定好了出场价，当股票到这点时，不要幻想，不要期待，不要讲理由，即刻卖掉再说。

别将"股价很低了"当成买的理由，也别将"股价很高了"当成卖的理由！

新手们特别喜欢买低价股，来请教我某只股票是否可买的朋友，他们

选的股票大多是低价股。这低价是指股票从高价跌下来，如 40 元跌到 20 元。这样的想法或许是源自日常生活，衣服从 40 元降价到 20 元，那一定是便宜了。把这样的习惯引伸到股票，自然而然地会去找"减价股票"。很不幸，你用选衣服的方法选股票，在这行就死定了。股票从 40 元跌到 20 元，通常都有它的内在原因，你用什么断定它不会继续往下跌呢？别试着去接往下掉的刀子，它会把你的手扎得血淋淋的！所谓炒手，最重要的是跟势，股票从 40 元跌到 20 元，明显是跌势，你不能逆势而行。当然要是股票从 40 元跌到 10 元，现在又从 10 元升到 20 元，那就是两码事了。

一位新手在发现他买进的股票升了时，会很兴奋，也惴惴不安，生怕市场把好不容易拿到的利润又收回去。成日脑海里盘旋的就是"股票是不是升到顶了"，"还是别拿着了，快快卖吧"。这里要提醒读者的就是：别将"股价很高了"当成卖的理由，你永远不知股票会升多高。只要股票的升势正常，别离开这只股票。

二十三、股市季节歌

股市存在着季节性规律。股市季节歌是：

一月股市逢低买，二月三月分批买，
四五六月如金秋，收获时节喜采摘；
七八两月阳似火，股市寒风走下坡，
九月十月难赚钱，金秋股市八成跌；
十一十二进寒冬，要想赚钱等来年。

股市中绝大多数牛市是集中在上半年爆发，自 1996 年以来每年的上半年都会出现一轮牛市，即使在最近三年的持续低迷市道中也不例外。因此，从中国股市开创以来，凡是在每年一月份买进股票的投资者，在当年的发展中就一定有数百点的上涨空间可以获利。

值得注意的是，其中有相当多数的上涨是从2月和3月启动的，由于这时属于全年经济、资金安排的起步阶段，投资者要在细致观察趋势的前提下，耐心持股。

图9-10说明：沪市大盘日K线，2009年至2010年季节性规律图：

图9-10　2009年至2010年"季节性"规律图

2009年1~3月分批买，4~7月丰收了；同样，2010年1~3月分批买，2010年4月起行情开始了，一波中级行情开始，运行了不到一个月由于受股指期货推出，主力开始做空，大盘向下调整。

农民讲究"春播、夏种、秋收、冬藏"，但股市的季节规律要比农作物提前一个周期，讲究的是"冬播、春种、夏收、秋藏"。一般而言，二季度是全年盈利机会较大的时期，而下半年的股市往往表现疲弱。通过对

股市历史对比可以发现，股市在下半年的6个月时间里，大多没有良好的表现。所以，四五六月就等于是股市的收获季节。

7月和8月是上市公司集中披露中报的时期，1992年至今，仅仅只是在1994年8月1日，由于受"三不政策"的特大利好刺激，出现过一次政策性牛市，其余12年的半年报期间均无牛市。

具体情况如下：

1992、1993年7、8月份股市持续下跌；1995年7、8月份，股指搭建圆弧顶的左半部分；1996年7、8月份大盘在800多点构筑双顶；1997年7、8月份指数低位盘整；1998年7、8月份股市跳水；1999、2000年7、8月份，大盘构筑头部；2001年7、8月份，指数如瀑布般飞落；2002年7、8月份，大盘筑顶下移；2003年和2004年的7、8月份，大盘还是一跌再跌。

股市之所以会出现这种七八月份的规律性疲弱，主要有三种原因：

1. 1999年以前，上市公司披露半年报没有时间约定，往往是业绩优异的上市公司率先公布半年报，业绩最差的全部集中在最后两三天披露，常会出现上百家绩差公司同一天集中披露半年报，其中不乏有亏损严重的业绩地雷引爆。由于绩差公司喜欢在半年报披露快结束时集体亮相，造成地雷迟迟不能引爆，使得各类资金在七八月份如履薄冰，难以发动强势。

2. 1999年至2000年，这时半年报披露开始有了时间上的均衡安排，但是由于在1999年和2000年的上半年都出现了涨幅巨大的牛市，而进入七八月份后，已成强弩之末，因此，半年报披露期间构筑顶部比较多。

3. 2001年至2004年期间，由于股市处于持续低迷格局中，七八月份披露半年报时，绩优公司得不到炒作，绩差公司一旦公布业绩就会引发抛盘，所以，七八月份跌市为多。

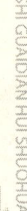

除了 2004 年 9 月是受政策因素影响以外，近 12 年来 9 月只有 3 次月 K 线是阳线的，其余的 9 次均走出了阴线，而且在 1999 年至 2003 年的 9 月都是下跌的。10 月份也同样如此，13 年来的 10 月，也只有 3 次月 K 线是上涨的，其余的 9 次月 K 线是翻绿的。从比例上看，这两个月有八成概率是下跌的。之所以出现这种 9 月 10 月下跌的情况，最主要的原因是年底资金面比较紧张，部分主流资金需要撤出股市。这类资金规模庞大，不像小资金那样等到临近年底时才清仓退出，往往从 9、10 月份就开始有计划撤出，造成年底的资金压力提前显现出来。

11 月 12 月的股市有三种运行状态：

1. 涨多跌少；2. 先跌则后涨；3. 涨升有限。

在最近的 10 年间，12 月的 K 线只有一次是阳线实体，寒冷气氛可见一斑。但投资者切切不可被这种气氛吓倒，因为最黑暗的时候或许预示着曙光将来临。

历史规律显示：岁末年初是股市建仓的黄金时期，最近 5 年来构筑的四次重大底部，全部是在这一时期完成的。所以，投资者不宜过于恐慌，而要适当把握好"早春播"机会。

以上是根据中国股市 20 年运行规律总结而成，虽然这些都是股市历史，我们可以从中吸取经验和教训，但不能代表股市明天。

以上看盘技巧中，有理论、有实战、有理论与实战相结合，其中"有一条"对您实战起作用，您就用那一条，哪怕"某一句话"对您实战起到作用，我都倍感欣慰。

最后我的忠告是:

　　　　宏观重要不重要,看你知道有多少,

　　　　宏观趋势要配合,才能帮你赚钞票;

　　　　微观需要不需要,有时可要可不要,

　　　　业绩亏损照样涨,微观炒股不可靠。

　　　　股市就是玩游戏,输赢千万别生气,

　　　　人生游戏何其多,输点赢点别在意;

　　　　趋势之初太胆小,趋势中期看不到,

　　　　趋势结束抱幻想,赚钱行情又完了。

后 记

本书能顺利发行，我们在这里首先要感谢经济日报出版社各级领导和编辑，经过多次交流后，他们决定要给读者一个全面了解我这样一个普通投资者对中国股市十四年研究成果的机会。

炒股既不是与天斗，也不是与地斗，而是与趋势斗、与规律斗、与市场斗，因为有关股市的一切一切，什么政策、消息、业绩、市盈率等等，主力及庄家，每买一手，每卖一手，均明确反映在"走势图"中。投资者只要能学习、了解、掌握股市自身的"市场规律"，跟着股市自身规律去炒股，顺势而为，即是赢家。

本书中我们精选了多年研究成果凝聚而成的"市场理论"、"太阳理论"验证图，可以让没有太多技术常识的读者可以"一看就懂，一学就会"，正确判断趋势；还把最难把握的股市买卖点用"两点一线"表现出来；又把K线、均线、趋势线、箱体理论典型特征用文字清晰标注出来，使一般读者很容易就能理解趋势拐点的"语言"，不久便可在实战中运用。

因为广大中小股民在以往的市场中已经是伤痕累累，苦不堪言，书中每一句话，每一种观点，每一种理论，每一幅图，都是经过我们"慎之又慎"证明出来的。如果我们的各种观点、论点，有"一点"对您有帮助、有启发，您就用这"一点"，如果"一点"都没有，那还请您按您自己的

方法去操作。

在这里,我们把自己投入心血和财富研究的成果,毫无保留地奉献给大家。最后我们还想对大家讲:炒股就是炒趋势,市场为王,看准趋势就能站在稳赢点上,中小投资者一定要牢牢抓住这个原则,就是赚钱的最大前提。

由于我们水平有限,万一书中有不准确之处或不慎之言,敬请广大读者给予理解和谅解。

读者有兴趣或疑问可以与我们探讨:40088 54119

高竹楼　高海宁

2010年6月25日于南京

图书在版编目（CIP）数据

股市拐点会说话/高竹楼，高海宁著.—北京：经济日报出版社，2010.9
ISBN 978-7-80257-207-2

Ⅰ.①股… Ⅱ.①高…②高… Ⅲ.①股票—证券投资—基本知识 Ⅳ.①F830.91

中国版本图书馆 CIP 数据核字（2010）第 174378 号

出版声明：本书内容均为作者个人的研究成果和体会，仅供读者参考。出版者不对任何与本书有关的投资行为和后果负法律和经济责任。特此声明。

股市拐点会说话

著　者	高竹楼　高海宁
责任编辑	顾　悦
责任校对	佐　平　徐建华
出版发行	经济日报出版社
社　址	北京市宣武区右安门内大街 65 号（邮政编码：100054）
电　话	010-63584556（编辑部）　63567683（发行部）
网　址	www.edpbook.com.cn
E-mail	jjrb58@sina.com
经　销	全国新华书店
印　刷	北京市耀华印刷有限公司
开　本	710×1000mm　16 开
印　张	14
字　数	150 千字
版　次	2010 年 9 月第一版
印　次	2010 年 9 月第一次印刷
书　号	ISBN 978-7-80257-207-2
定　价	32.00 元

版权所有　盗印必究　印装有误　负责调换